唯幻論始末記

わたしはなぜ唯幻論を唱えたのか

岸田 秀

いそっぷ社

第一章　性的唯幻論と史的唯幻論……7

第四章 強迫観念から生まれた性的唯幻論……121

第一章

性的唯幻論と史的唯幻論

わたしは、人間とは本能が壊れて幻想の中に迷い込んだ動物であって、人間に特有な現象や行動はすべてそこに起源があると考えており、その考えを唯幻論と称している。唯幻論には大きくわければ、性的唯幻論と史的唯幻論とがある。簡単に言えば、性的唯幻論とは人間の性行動は本能ではなく幻想に基づいているという説である。幻想に基づいているから、人類には発情期がなくなり、幻想によって興奮すればいつでも性交できるようになったのである。史的唯幻論とは歴史をもつのは人類だけであり、歴史は政治や経済や法律などの現実的条件によってではなく幻想によって動いているという説である。歴史が幻想によって動いているから、人類は文化を創造したのである。

人間は変な幻想に基づいてしかセックスができない

性的唯幻論はフロイトの『性理論に関する三論文』から発想を得ている。この論文の解釈によれば、人間の性欲は、動物のように発情期の初めから性器の活動を中心とするいわゆる性器期（動物には性器期という用語は使わないが、あえて言えば）にあるのではなく、まず口唇《こうしん》のあたりに性感帯があって、吸うとか舐《な》めるとか噛《か》むとかの行為によって興奮する口唇期から始まり、次に肛門に性感帯があって、排除するとか汚すとか攻撃するとかの行為によって興奮する肛門期を経て、そのあと潜伏期を過ごしてやっと、男性器を女性器に挿入する、または女性器が男性器を引き込むことで興奮する性器期に達するのであり、場合によっては、達しないこともあり、部分的にしか達しないこともあり、達するのが遅れることもあり、とんでもないところに迷い込むこともある。そして、人間は性器期に達しない限りは種族保存に役立ついわゆる「正常な」性活動ができない。

（肛門期のあとに男根期があり、それから潜伏期を経て性器期に達すると考えている精神分析者たちもいるが、わたしは男根期というのがよくわからないので、省略している。彼らによると、男性の男根期はそのまま性器期へと進むが、女性の場合は、肛門期のあとにクリトリス（小さな男性器）に性感帯がある男根期を経て、そのあとに、膣《ちつ》に性感帯がある性器期に達することになっている。すなわち、女性の男根期は、クリトリスに性感帯が留まっていてまだ性感帯が膣へと移っていない未発達の段階であるということである。アフリカには成人式の伝統的慣例として女の子のクリトリスを切除する部族がいるそうである。それと同じ理由からかどうかは知らないが、膣に性感帯がある最終段階への「正常な」発達を促すために、クリトリスの切除を勧めた精神分析者たちがかつていた。彼らは、クリトリスに性感帯がある「男根期」を未発達の状態と見なしていた点において、女性差別性主義者であったと言えよう。）

ここから先はわたしの解釈であるが、口唇期や肛門期（まとめて前性器期と称する）の性欲は、動物には見られない変な性欲、種族保存には役立たない倒錯的性欲、すなわち、本能からずれて幻想に基づいた性欲であり、そのあと、性器期に達したとしても人間の性欲は、動物の性欲と違って、形式的には「正常な」性欲でも性器期以前の倒錯的性欲を要素としており、それらの要素を総合して無理やり「正常な」性欲の形に嵌《は》めこんだに過ぎない。したがって、人間の性欲は、ともすれば、倒錯的性欲へと退行しがちであり（性倒錯）、退行しないでいわゆる「正常者」に留まって正常な性行為を行うことができる場合でも、さまざまな倒錯的な行為や空想や趣味が性的興奮の不可欠な条件になっていることが多い。その結果の一つが、たとえば、強姦や売買春という人間の性活動にしか見られない現象である（一部の類人猿に例外が見られるが、このことについてはあとで触れる）。要するに、性本能が壊れた人間はさまざまな変な幻想に基づいてしかセックスができないというのが性的唯幻論である。

靴とか手袋とか下着とか女が身につけるもの、髪とか尻とか足とか肛門とか太股とか乳房とか女の体の一部分を性対象（フェティッシュ、呪物）として興奮するが、女性器には興奮しない形の性倒錯をフェティシズムという。たとえば、靴フェティシストは、もっぱら女が履く靴に興奮するのであり、女性器には無関心である。尻フェティシストは、尻を女の人格全体から切り離し、尻だけを性対象としていて、女性器に対しては不能である。肛門フェティシストは（女の）肛門にしか性的魅力を感じない（男で男の肛門に性的魅力を感じるのは同性愛である）。

現代の一般常識では、女性器を対象とする点で、強姦しても、犯罪者ではあるが、性的には正常者とされており、買春をしてもスケベで好奇心が強いだけで、別に異常性欲者とは見られないが、強姦や買春をする男は女性器を女の人格全体から切り離し、単なる道具として女性器を使用して性的満足を得る点では、実は性倒錯者であり、フェティシストなのである。女性器であれ尻であれ、女の体の一部分を性対象として切り離す点では、強姦男・買春男は尻フェティシストと構造的には同じであり、いわば女性器フェティシストという性倒錯者なのである。それなのに、女性器を対象としているというだけで彼らを正常者とするのは、差別的性文化の偏見に過ぎない。実際、女性器を女個人の人格から切り離して、無機的な道具と見なしているのでなければ、性交したがっていない女の性器に対して性欲が起こるはずがない。

性交は不能であって、オナニーしかできない性倒錯者はオナニストと呼ばれるが、女性器を無機的な道具と見なしている男はオナニストと五十歩百歩であって、言ってみれば、彼は性交しているとき、実質的には膣を使ってオナニーしているに過ぎない。

性交に興味を失った人類がつくりあげた「嘘」

性交は、本来、男と女の対等な共同行為であるにもかかわらず、しばしば男が「やる」こと、女は「やらせる」または「やられる」ことになっており、男に対する女のサービス（稀《まれ》には逆であることもあるが）、女に対する男の攻撃・侵入・征服・支配・侮辱などの意味を担っているのは、女性器を無機的な道具として使用する男が多いからである。

また、種族保存本能としての性欲の強弱に関しては、本来、男と女は同じであるはずであるにもかかわらず（というより、本能としての性欲には強いとか弱いとかいうことはない）、男は性欲が強く、相手構わずいつもやりたがっており、女にはもともと性欲がなく、男に犯されて初めていくらか性欲をもつようになるかもしれないが、それでも自ら進んではやりたがらず、男に誘われ、または強いられてやっと「身を任せる」のに過ぎないと思われている節がある。

もちろん、これはとんでもない真っ赤な嘘《うそ》であるが、なぜこのような嘘ができあがったかというと、性本能が壊れて種族保存へと繋《つな》がる正常な性交に興味を失った人類の男女をして何か性交に興味を持たせるため、性器の構造上、性的に興奮してなくても受動的に性交される（やられる・やらせる）ことが可能な女の性欲をないがしろにして、性的に興奮して男性器が勃起していないと性交できない男の性欲をもっぱら重んじざるを得なかったからではないかと考えられる。

性文化における男の特権は、要するに、弱者の脅迫であり、弱者優先策なのである。男は女が性的魅力を発揮して男を興奮させなければ男性器が勃起しない弱みを根拠にして特別扱いを要求し、女も、性交を遂行するためには、この要求を呑まざるを得なかったのである。性本能が壊れて滅亡の危機に直面した人類はこのようなひどく性差別的な拙劣な策しか思いつかないほど追い詰められていたのであろう。いずれにせよ、今の性文化が性本能の崩壊に対する唯一の正しい賢明な解決策であるとは思えない。

その結果、男は実は性欲が弱いにもかかわらず、性欲が強くなければ、男らしい男ではないことになって、性欲の強さを誇るようになった。男にとって性交は本能に基づく自然な行為ではなく、がんばって達成すべき業績となった。そして、それに対応して女は男が業績を達成して誇るために使われる道具となり、男に性欲を起こさせる性的魅力があることを誇るようになった。そのような誇りは、本来、性交の遂行のためには男にも女にも無用どころか、むしろ有害であり、性交を不自然に歪《ゆが》めるのであるが、この誇りを維持するため、男は、本当は大して楽しくないにもかかわらず、多くの女を征服したり、無理してがんばって性交の回数を増やしたりする。男は一回の性交で何回も射精できることを自慢したりする。

有名な文化人にも、英雄は色を好むとばかりに、強姦は男の本能であって、男らしさの表れであるとか、強姦ぐらいやれなければ男ではないとか主張する者が後を絶たない。英雄が色を好むのではなくて、色を好む男を英雄だとおだてて男をしてがんばらせようとしているのではないかと、わたしは思っている。「据膳《すえぜん》喰わぬは男の恥」という諺《ことわざ》も同じ趣旨であろう。

女も、性欲が強い男に魅力を感じるよう条件づけられている。おおぴらに女好きを称している男、スケベと評判されている男、女が誘うと断わらない男、女の尻を追っかけ回すドンファンは、ホンネかタテマエか知らないが、女を喰《く》い物にするいやらしい男だと非難されたりするが、実は意外にモテることが多い。一部の女は警戒するが、一部の女は、つねづね控えさせられている自分の性欲を女好きのドンファンなら容認してくれるのではないかと安心して近寄ってくるのである。とくに女は自分のほうから申し出て断わられるとみっともないので、断わらないと安心できる男は便利なのである。女は、ある男と大して性交したいわけでなくても、別にそれほど嫌でもなければ、その男が自分の性的魅力に惹かれて自分とヤリたがっているというだけで自分の価値が高められたような気がして性交に応じることがある。もちろん、男がわけもなく自分とヤリたがっているとわかると、馬鹿にするなと怒る女もいる。

女には性欲がないという大嘘がばれて、まだ大勢とはなっていないものの、自由に性欲を満足させようとする女たちが現れている反面、あまりセックスをしたがらない「草食系男子」が現れている。それは、英雄は色を好むとおだてられて無理して強い性欲をもとうとがんばることの虚しさを悟ったからか、またはセックスはそれほど面白いことではないと知ったからか、または、簡単に「やらせてくれる」女たちがいてセックスに飽きたからか、または、ヤリたがる女に迫られて恐れをなしたからか、そのいずれであるかはわからないが、しかしまだ、男性誌などにはＥＤ（勃起障害）を治すと称する薬品の広告がよく出ているのを見ると、勃起しないと挫折感に囚われ、強い性欲に憧れる男たちもまだ跡を断たないらしい。今は過渡期なのであろうか。

弱くなった男の性欲を女性器に向かわせるための屁理屈

以前、どこかで指摘したことがあるが、哺《ほ》乳類《にゅうるい》でも鳥類でも熱帯魚でも、人類以外の動物では雌《めす》は目立たない地味な姿をしていて、雄《おす》は雌にはないもの（たてがみとか角とか）をつけて目立とうとしていたり、色彩豊かで派手な姿をしていることが多いが、人類においてのみ逆であって、派手な目立つ服装をし化粧をするのは女である。媚《こ》びるのは女である。それは、本能に基づいているのではなく、人類をも含めた動物界全体においては、例外的に人類の雌（女）のみが性的魅力を発揮して、性欲が弱い雄（男）の性欲を刺激してわざわざ惹き寄せなければならないという特殊な事情におかれているからである。

この特殊な事情のために、人類の女は主体的に自分の性欲に基づいて積極的に性交を楽しむ自由な女として生きることが難しくなっている。そういう自由な女は、四面楚歌《しめんそか》の状態であって、売春婦からはお金になるべき女性器を男に無料で提供しその商品価値を下げて商売の邪魔をすると非難され、貞淑な婦人からは性道徳を乱す淫乱女だと罵倒され、一般の男からはすぐやらせる軽薄な尻軽女だと軽く見られる。

さっきも言ったように、男にとって性交は達成すべき業績となっているので、なかなかやらせてくれない女ほど価値が高いことになっているからである。女は、ある男と性交したいとき、簡単にやらせると安っぽく扱われ、ハードルを高くし過ぎると逃げられる恐れがあるので、どのくらいのところで妥協するか苦心する。積極的に誘いかけて口説くべきか、それとも消極的におとなしく待っているべきか、自分に対する男の性欲を自分の価値を高めることと見なすか、それとも自分を軽く見ている証拠と思うか、正しい答えがないので、つねに葛藤し迷っている。

この葛藤の狭間にあって、困った女はこの特殊な事情に順応するかそれとも反抗するかのどちらかを選ぶことを強いられることになる。その結果、女は、おおまかに言えば、男からお金や何かの利益を得るために性的魅力を誇示し、儲《もう》けになりさえすれば相手構わず性交を受け容れる売春婦・商売女と、性欲などないかのような顔をして性交を避けようとする清純な乙女・貞淑な婦人との両極端の二種類に分裂することになり、そのどちらになっても性欲の十全な満足は得られない。人類文化は女がセックスを楽しむのを妨げようとしているかのようである。

しかし、売春婦とかストリッパーとかAV女優とかのなかには、お金のためとか脅迫され強制されたとか何らかの不幸な事情に迫られて不本意にというのでもなくて、お金を儲けるとかは第一の目的ではなく、性的魅力によって男たちに求められること自体が歓びであり自分の存在価値・生き甲斐・誇りである者が一部にいるのは確かなようである。彼女たちは、性差別文化の産物なのであろうか、それとも、性差別文化のなかでの最低限自然な自己実現の行動なのであろうか。

要するに、性本能が壊れて滅亡しそうになった人類の危機に対処するために、人類は、弱くなった男の性欲を何とか女性器に向かわせようとし、考えられるあらゆる屁理屈を動員し苦心惨憺《さんたん》してデッチあげたのが、女性差別の性文化なのである。男の強い性欲という幻想と、それを刺激する魅力的な女性器という幻想がこの性文化の主要な要素であった。この二つの幻想は男と女をして性交させるために必要不可欠であった。

しかし、これまで説いてきたように、この性文化は、強姦や売買春という好ましくない現象を構造的必然として招いたことが示しているように、人類の性本能の自然な発露ではなく、歪みに歪んだ文化的失敗作であり、あまりにも欠陥が多いことが今や明らかになった。その上、今や生殖技術も発達し、幼児死亡率も激減し、人類の存続のために男と女が性交することは必ずしも必要不可欠ではなくなった。そのため、当然のことながら、この二つの幻想は衰退する。現在、男も女もこの性文化に由来する愚かな誇りと突っ張りをだんだんと克服して、やりたくない性交、やられたくない性交、やらせたくない性交はやらない、やらせないようになっているようである。

これからの男と女は性交をどう意味づけるか。子供をつくるため、二人の愛を確かめるため、お互いに信頼し仲良くなるため、二人がともに気持ちいいことをして人生を楽しむため、二人で面白いことをするため、時間を潰《つぶ》すため、退屈をまぎらわすため、そのほかどのような意味づけでもいいが、二人それぞれの任意に基づき、二人おのおの責任においてやるべきであろう。

なぜ人間は、性的興奮のために倒錯的行為が必要なのか

ところで、フロイト理論に基づくと、人間の性欲は口唇期から始まり肛門期を経て最終的に

性器期に達するのが「正常な」発達過程ということになっているようであるが、なぜ人間には動物にはない口唇期や肛門期があるのであろうか。わたしの考えによれば、いつものことながら、それは、人間の本能が壊れたからである。

わたしは人類は生物進化の奇形児であると言っているが、人類は変なふうに進化し、生理的早産とか胎児化とかの奇妙な特徴を示すに至った。要するに、未熟児として生まれるようになった。そのため、本来なら生きてゆけないのであるが、人為的に不自然な環境（親の過剰な保護とかの文化装置）を設定してその中で何とか生きてゆけるようにしたものの、そのような不自然な環境においては、本能的行動パターンは使えないから、言い換えれば、本能的でない不自然な行動パターンを無理やり作らねばならないから、本能は用途を失い、必然的に壊れるのである。

そして、人類は新しい人為的・文化的行動パターンを獲得したのだが、卒業したはずの壊れた古い行動パターンは消滅してしまうわけではなく、その遺物が新しい行動パターンの背後に潜在し続けており、そのため、人類の行動パターンは二重構造になっている。

普通、動物は生まれたあと、赤ちゃんから幼児へと、幼児からおとなへと直線的に発達するが、人類においては、生まれるとすぐ現れる最初の行動パターンは間もなく消えて、その上に、あとから獲得した新しい行動パターンが覆《おお》い被《かぶ》さり重なって最終的にはそれが優位を占めるのであるが、最初の古い行動パターンが残存し潜在しており、あとから部分的に再現したりして影響し続けることがある。これは人類に特有の「退行」という現象であり、動物には見られない。

たとえば、猿の赤ちゃんは、生まれてしばらくすると手の把握力が発達し、木の枝を握ってぶら下がることができるようになり、その能力はそのままずっと続く。人間の赤ちゃんも、生まれて間もなく木の枝を握ってぶら下がることができるほどの手の把握力がいったんは発達するが、その能力はほどなく消える。人間がその能力をふたたび獲得するのは、しばらくあとである。人間のおとなの手の把握力は赤ちゃんのそれがそのまま中断なく発達したものではない。人間の赤ちゃんの歩行能力についても同じである。生まれて間もない人間の赤ちゃんを両手で支えて立たせると、自ずから左右の足を交互に出して歩くことができるが、この能力はすぐ失われ、あとから回復する。

人間の性欲に関しても同じことがあるのではないか。性欲に関するフロイトの言説を解釈すると、そういう用語は使っていないが、人間には第一次思春期と第二次思春期があると考えていたように思う。幼児期に第一次思春期があるが（幼児性欲）、この時期にはまだ性器は発達していないので、性欲はあるが、性交はできない。性交に発散できない性欲のエネルギーは、この時期における幼児と世界との関係、当時の人間関係のさまざまな形（たとえば、母親の乳房を吸うとか舐めるとか噛むとか、母親から排泄《はいせつ》についてしつけを受けるとか、排泄でしくじって叱られるとか、排泄物を撒《ま》き散らして不満を表明するとか）を介して満足を得ようとする。

そのときの満足の形が口唇性欲とか肛門性欲とかになるが、これらの性欲を前性器的性欲という。

口唇性欲とか肛門性欲とかは、単に性欲の形態を示すだけでなく、口唇性格とか肛門性格とかの人格構造にもかかわっている。おおまかに言えば、口唇性格とは受容的・依存的性格、肛門性格とは排除的・攻撃的性格である。受容的・依存的とは、口唇期における幼児と母親との関係、幼児が母乳を吸う関係の形を表している。そして、排除的・攻撃的とは、そろそろ自我が芽生え始め、幼児が母親から独立しようとし、母親に対して敵対的になる肛門期の関係の形である。そのような人格構造の特徴が当人の性行動の特徴と繋がっていることをフロイトは洞察したのである。性行動こそは当人の人格の表現なのである。

要するに、人間の幼児はみんな性倒錯者であり、性倒錯が人間の性欲の最初の基本的形態である。この形の前性器的性欲はそのあといったん消えて潜伏期となる。そして、年月を経て、性器が成熟し、第二次思春期（通常の思春期、青春）になると、異性の性器をめざすいわゆる正常な性器性欲が出現するが、それ以後も、正常な性器性欲の背後に口唇性欲や肛門性欲などの前性器的性欲が多かれ少なかれ潜在している。

性交において子をつくるために必要なこととしかしない動物と比べて、人間の性行動には、一応正常者とされている者においても、子をつくるためには必要でないさまざまな変てこな倒錯的行為や欲望や空想が伴っており、それが性的興奮の必要条件であったりするのは、そのためである。それが行き過ぎて、背後に潜在している前性器的性欲が性器性欲を押しのけて優位に立った状態がおとなの性倒錯者である。

念のためつけ加えると、幼児はみんな多形倒錯者であり、いろいろな倒錯傾向を示す。幼児は窃視《せっし》症・露出症・フェティシズム・同性愛などあらゆる形の倒錯的傾向を持っており、それで幼児性欲を満足させようとする。おとなの倒錯者は、そのなかのある一つの形の倒錯のみに固執している。たとえば、露出症者は突然、女に勃起した男性器を誇示し驚かし、驚いた女の顔を見て興奮するだけで、正常な性交はできないし、露出以外の倒錯には興味がない。

人間においては、正常者と性的倒錯者とは程度の差である。たとえば、靴フェティシストの場合、性交の際に、女が靴を履いていることが性的興奮のために望ましいけれども、履いていなくても性交できないわけではない者は軽い程度の者であり、正常者のうちであろう。女が靴を履いていることが性交に達するための必要不可欠な条件である者はそれより重い程度の者で、性交の途中で女が履いている靴が脱げたりすると途端に不能になったりする。最も重いのは、女性器には無関心、性交は不可能であって、靴にしか性欲を起こさない者である。靴をいじったり舐めたりしながらマスターベイションをしたりする。また正常者はアナル・セックスには興味がないであろうが、肛門フェティシストの軽症は、正常な性交もできないわけではないがアナル・セックスのほうが好きな者、重症はアナル・セックスしかできない者であると言えよう。

わたしはいかなる性倒錯者も個人的には知らないので、言うまでもなく、これらの記述は他の著者たちの観察の受け売りである。

人類の性文化は多かれ少なかれ性差別・性倒錯の要素を含んでおり、フェティシズムに関して言えば、人間はみんな多かれ少なかれフェティシストである。フェティシズムがほとんど男にしか見られないのは、さっきも言ったように、女は性欲を起こさなくても性交する（性交されることができるが、男は性的に興奮して男性器が勃起しないと性交できないので、人類の存続のためには男の性欲を喚起するほうに重点をおかざるを得なかったからであろう。女が正常な性交をするようになるよりも、男が正常な性交をするようになるほうが難しいのである。

また、男にはサディズムの傾向があり、女にはマゾヒズムの傾向があると言われるが、もちろん、それは本能によるのではなく、男と女がおかれている性文化の違いによるであろう。人類の性本能は壊れているのだから、厳密に言えば、人間には自然な性行動はないと言えるであろう。

ユダヤ教とは、無理してつくられた不自然な例外的現象

次に、史的唯幻論は『旧約聖書』の「出エジプト記」を参考資料にしたフロイトの『モーセという男と一神教』から発想を得ている。フロイトのこの論文は、ユダヤ教という一神教を起

点としてユダヤ民族がどのように成立したか、その後、この民族がどういう歴史を辿《たど》ることになるか、どういう状況でどういう振る舞いをするかを説明している。

ユダヤ民族という民族は初めから存在していたのではなく、古代エジプト帝国が周りのさまざまな民族を征服し、奴隷にしていた人たちが、モーセに率いられて反乱を起こし、エジプトから逃亡してパレスティナに至り、そこにいた先住民族を駆逐して、古代イスラエル国をつくった結果、成立した。彼らはもともとはあちこちの雑多な諸民族の寄せ集めであったが、このとき、一つの民族としてまとまらねばならなかった。そのためには、人々が共通に信じる宗教が必要であった。雑多な諸民族がおのおの信じるそれぞれの宗教のどれか一つを共通の宗教として採用するわけにはゆかなかった。それぞれの宗教の神々はそれぞれの民族と血が繋がった祖先（もちろん、幻想であろうが）だったので、他の民族の神とすることはできなかったからである。

そこで、彼らは、どの民族とも関係がない一つの新しい宗教を創設した。ユダヤ教である。したがって、ユダヤ教の神はどの民族とも血縁関係のない、抽象的な唯一絶対神でなければならなかった。ユダヤ教という一神教はそのような逼迫《ひっぱく》した状況に追い詰められて成立したのである。そして、この一神教を信じ、信仰によって結ばれた人たちがユダヤ民族ということになった。ユダヤ教においては神と信者とは、いわば、赤の他人であるから、契約によって関係を結ばねばならなかった。ユダヤ民族が契約の民と呼ばれる所以《ゆえん》である。

キリスト教もイスラム教もユダヤ教から派生した宗教であって、この三つの宗教は仲は悪いけれども、同じ一神教の三つの宗派なのである。世界がどうなっているか何もわからず、何をどうすればいいのかもわからずつねに不安におののいている人類、自分がそのうち死ぬことを知っている唯一の不幸な動物である人類は個人も民族も何らかの形の宗教を必要とするが、世界各地の諸民族に自然発生した一般的な宗教はすべてそれぞれの先祖（熊とか鷹《たか》とかの動物であったり、動物と人間との混血であったり、神々であったりする）を祭り、森羅万象に神々や霊魂が宿る多神教であるが、このとき中東に現出した一神教は、空前絶後、無理してつくられた一回限りの唯一無二の突出した不自然な例外的現象なのである。

ユダヤ教であれ、キリスト教であれ、イスラム教であれ、一神教を信じる民族は、大昔にエジプト帝国を追われ、モーセに率いられて古代イスラエル国をつくった逃亡奴隷の先祖の思想と行動のパターンを伝統とし、それ以来の歴史において反復し続けている。近代ヨーロッパ人のアフリカ・アジア・新大陸の侵略、先住民の虐殺、アメリカ合衆国の建国、フランス革命、ロシア革命、ヒットラーの第三帝国、第二次大戦後のイスラエルの建国などには共通の特徴が見られる。たとえば普遍性の主張、正義の独占、絶対への信仰、権力主義、異質の存在に対する不寛容、他民族の駆逐、などなどは一神教を奉じる民族にしか見られない現象である。

一神教は、このように、唯一の変てこな場違いの例外的現象なのであるが、この事実を隠蔽《いんぺい》したかったのか、ユダヤ人は神に選ばれた民であると称し（選民思想）、それを引き継いで近代ヨーロッパ人は、一神教であるキリスト教こそ最高に進歩した唯一の正しい宗教であって、アニミズム、先祖崇拝、多神教など、世界のさまざまな宗教は未開野蛮な民族が信じる、遅れた劣った迷信であると見なした。それらの遅れた劣った迷信が発達して欠陥を克服し、最終的に到達した唯一の正しい形がキリスト教なのであった。

場違いの例外を逆に普遍的基準とし、自分がおかれている現在の特異な状況を最高の理想的状況であるとするこの伝統は、ヘーゲル、マルクス、ダーウィンなどのヨーロッパ近代思想においても連綿と続いている。

歴史は、その国民がどんな幻想を抱いたかで動かされる

さて、フロイトと同じ方法論に基づいて、わたしは日本・アメリカ・ヨーロッパなどの国がどういう幻想を起点として建国されたかということから、それらの国がどういう構造をしているか、どういう歴史を辿ることになるか、他国に対してどう振る舞うかなどを説明しようとしている。そういう観点から歴史を見てみると、人類の歴史の展開を経済的条件（物）の変化によって説明しようとする史的唯物論は、人類の経済活動は本能が壊れた人類が幻想の世界に迷い込んだために発生した二次的現象であるにもかかわらず、それを第一原因とするという致命的な取り違えをしている。そこで、わたしは、人類の歴史は幻想の歴史であるという意味で、

史的唯物論という用語の「物」を「幻」に入れ替えて史的唯幻論を唱えているのである。

史的唯幻論の背景にある資料はわたし個人が経験したさまざまな事象である。青年時代、世の中の一部ではマルクス主義・史的唯物論が花盛りで絶対の真理であるかのように信じられていた。別にマルクスを読んだわけではなく、マルクス理論を正しく理解しているわけでもないと思うが、たぶん、わたしの肌に合わないからであろう、人類の歴史は原始共産制→古代奴隷制→封建制→資本制→共産制とかの一定の段階を通って発展するという説が納得できなかった。納得できなかったというより、気に入らなかった。そのように発展している国なんてどこにあるのだろう、ヨーロッパのどこかにあるのだろうか、少なくとも日本や中国や朝鮮はそうではない、などと漠然と思っていたようである。

中高生時代に襲われた人格障害のさまざまな症状について、なぜこのような変な症状に苦しめられるのかと、フロイト理論を生半可に齧《かじ》って考えているうちに、その原因はわたしの成育環境、とくに母との関係にあるではないかと気づいて、自分の過去を探り始めたことと、日本兵の死体の写真を見て陥った鬱《うつ》状態のなかで、なぜ日米戦争は起こったのだろう、なぜ日本はあのような惨《みじ》めな負け方をしたのだろう、あのような負け方をした日本という国はどういう国なのか、どうしてこのような国になったのかと、その原因を日本の歴史に探り始めたこととい う、もともと無関係な二つの疑問が同時にわたしの心を占めた。

わざわざ断るまでもなく、わたしがさまざまな変な症状を呈する変な人物になったのには、人間性としての何の必然性もなく、たまたまあのような状況であのような母に育てられ、それに対してわたしがたまたまあのように反応したという偶然の結果であり、また、日本という国の歴史が普遍的な一定の段階を通って発展してきているなんてとんでもないことであって、歴史の法則のようなものが働いているわけでないことはあまりにも明らかである。日本の歴史は日本人がどのような幻想を抱いていたかによって動かされてきており、どういう幻想を抱いたかは、起こらなかったかもしれないさまざまな気紛れな偶然に左右されている。このように考えるのが史的唯幻論である。

有り得たかもしれない事態が想定されて、初めて歴史は成立する

わたしは「時間と空間の起源」という文章を書いて、時間は悔恨に発するという説を唱えているが、これはわたし自身の過去、日本の過去を顧みたときの実感である。わたしと母との関係は、なぜ母は兄（わたしの実父）からわたしを貰《もら》おうとしたのか、なぜ母はわたしにあのときあのようなことをしたのか言ったのか望んだのか、もしそういうことがなかったなら、あのようなことにはならなかったという悔恨がいっぱい詰まっている。そのあとの人生でも、なぜわたしはやさしくしてくれた人になぜあんなに冷たくしたのか、逆に、なぜ身勝手で傲慢《ごうまん》な奴の言いなりになってしまったかなどと悔いてばかりいる。

そして、日本の歴史、とくに日米戦争におけるかずかずの負け戦さを思い起こすと、なぜミッドウェイで、ガタルカナルで、そのほかかずかずの戦場でなぜあのようなことになったのかと……、あのとき、あそこでああしていなかったら、あのようにたくさんの人が死ななかったであろうにと……、そもそもなぜアメリカと戦争を始めたのかと……悔恨だらけである。

もし南雲中将がミッドウェイ海戦のとき、爆撃機に装着してあった通常の爆弾を魚雷に換えるよう命令しなかったら、航空母艦を四隻も撃沈されなかったのに……、もし牟田口中将がインパール作戦を思いつく前に心臓病か脳出血で急死していたら、数万の日本兵が死なずにすんだのに……、もしレイテ沖で栗田艦隊が敵前逃亡（いわゆる「謎の反転」で、これには異説もあるが）をしなかったら、日米戦最大の戦果をあげられたのに……と臍《ほぞ》を噛む思いである。そこには必然性など全然ない。

そういうわけで、われわれが過去を気にするのは、言い換えれば、歴史をつくるのは、現実に選んだ選択肢以外の選択肢を選ぶこともできたからであり、過去にはいくら悔いても悔い足りない悔恨の種が尽きないからであることがわかる。もし、生まれてからすべての欲望がただちに満たされ、何の不満も挫折もなく何事も順調にやってこれた人がいるとすれば、その人は時間を知らないであろう。過去を悔いて、あのときああすればよかった、やろうとすればできたのに、という思いがあり、その思いがわれわれを過去に引き戻すがゆえに、歴史が、ときには偽りの歴史がつくられるのである。

「物」は必然性の法則に従う。１気圧下で水は0度で氷になり、100度で蒸気になる。必然的現象に関しては、そうでしか有り得なかったのだから、悔恨の余地がない。もしあのとき、あの河の水が30度で凍っていたら、あんなことにはならなかったのに……と後悔することはない。悔恨がなければ歴史はない。人類が幻想の中に迷い込まず、「物」の必然的法則に従って動いているのであれば、人類に歴史は有り得なかった。したがって、史的唯「物」論は根本的に間違っている。

たとえば、明治維新が歴史的事件であるのは、もし明治維新が起こらなかったとすれば、日本はかくかくしかじかであったであろうと想定される事態と比較するからである。もし鳥羽伏見の戦いで幕府軍が薩長軍を撃滅していたら……と想定することが可能だからである。その事態は現実には起こらなかったことであり、いわば幻想である。幻想が想定されるのは、歴史が必然ではないからである。世界には毎日、無数のことが起こっているが、ほとんどのことは歴史的事件にはならない。ある事件が歴史的事件となるのは、幻想との比較においてでしかない。その事件が起こらなかったとすればどうなったであろうと想定される事態との比較においてでしかない。有り得たかもしれないその事態が気になるからである。つまり、幻想がなければ歴史はなく、幻想が歴史をつくるのである。

歴史の話をしていて、もし（ＩＦ）かくかくのことがなかったらと誰かが言い始めると、「歴史にＩＦはない」と窘《たしな》める人がいるが、そういう人こそ歴史というものについて何もわかっていない無知の人である。そのような無知の人がいるのは、歴史的必然というような有りもしないことを信じているからではないか。だから、マルクス主義のように、歴史的必然の法則を発見しようとか、歴史の終わりを論じるというような無意味なことを企てるのではないか。そのため、歴史学は実際に起こった歴史事実を調査するだけでいいのであって、歴史の「ＩＦ」を想定する必要はないのだと誤信するのではないか。史的唯「幻」論は史的唯「物」論に対して以上のように反論する。

母との関係に対処するために形成したのが唯幻論

唯幻論は奇を衒《てら》ったトンデモ説であって、読者を巧妙に丸め込んで惑わせるいかがわしいところがあり、まともに相手にするに値しないと一言のもとに拒否し、初めから受けつけない人は少なからずいる。その理由はいろいろあるようであるが、わたしの説はあまりにも話がうまくでき過ぎていて、どこか不愉快で反感を触発したり抵抗を惹き起こしたりするところがあるらしく、人によっては、うまく言いくるめられて押し切られて負けたような気がするらしい。それが口惜しいので、何とかわたしをやっつけたくなるらしい。

わたしとしては、人を惑わせるところがあるとすれば、それは、従来の考え方を揺るがすからであり、話がうまくでき過ぎているように見えるのは論理的に首尾一貫していてさまざまな現象を明快に説明することができるからではないか、わたしの説を支持してくれる読者もたくさんいるが、それはやはり、正しいと思えるからではないかと己惚《うぬぼ》れているのだが、果たしてどうであろうか。しかし、麻原彰晃は、あれほど馬鹿げた説（としか非信者のわたしには思えないが）であれほど大勢の人たち、とくに高学歴の人たちの信頼と尊敬と献身を集めることができたのだから、支持する読者が多いということはその説が正しいことの証拠にはならないであろうが……。

わたしが唯幻論を形成したのは、少なくともその出発点は母との関係に対処するためであったのだから、ここで、母について考えてみよう。わたしは、もう六十数年前にこの世からいなくなった母をまだ卒業していないらしく、母がわたしに植えつけたさまざまな観念が心に根強く残っていて、それから逃れようとするのか、わたしは母をあしざまにののしり、母に対する悪口雑言《あっこうぞうごん》をクドクドと繰り返すのがやめられない。一部の人にはそれがえらく気に障るらしい。神聖な母性愛という幻想は根強く、母親の悪口を言うなんて強く忌《い》むべきとんでもないタブー破りであるらしく、そんなとんでもないことを言う忘恩の徒の言うことなんて信用できない、どこかおかしいところがあるに違いないと思うようである。

もちろん、唯幻論はなかなか面白いと受け容れてはくれるのだが、母に対する罵詈雑言《ばりぞうごん》だけは承服しがたいと異議を唱える読者もいる。唯幻論には、説得されるところも多々あるが（と、一応褒《ほ》めておいて）、母の話になると、突然、論旨が乱れて悪口を喚いている感じになるとのことである。明快な論理展開と支離滅裂な罵詈雑言とがちぐはぐに混ざり合って矛盾していると見えるらしい。母のことをそのように貶《おとし》める人の言うことなんか信じられないような気がするが、著者の言うことを聞いていると、そうでもないようなので、どうしたものかと戸惑うらしい。

このちぐはぐさと矛盾に戸惑った読者は困り果てて次のような理屈を考えるようである。この著者はさんざん母を非難するが、それほど母にこだわるのは母に対する強い関心と深い愛情があるからであって、もし母のことなんかどうでもいいのなら、無視して問題にもしないはずである。そのことを正直に認め、いろいろ不満な点はあるかもしれないが、とにかく苦労して育ててくれたのだから、素直に母に感謝すべきではないか、気晴らしのような母の悪口の連発は、自分の好ましくない点はすべて母のせいであって、自分には責任は一切ないと卑怯《ひきょう》な言い訳をしているように見えて、唯幻論への敬意と信頼を下落させるだけだから、母を悪く言うのだけはやめたほうがいいのではないかと忠告してくれた友人がいた。

確かにそうかもしれない。母の悪口をクドクドと垂れ流すのは見苦しい。聞かされるほうは嫌になるであろう。もう聞き飽きたという読者もいる。しかし、わたしとしては理由がないことはない。繰り返しになるが、これを最後にもう一度だけ言わせてもらいたい。とにかく、子供のときは世の中にわたしの母ほどいい母親はいない、わたしのために身を粉にして働き尽くしてくれる、大きくなったら、身を捨ててでも恩返しをしなければならない、と思っていた。

親が子を育てるから、子は生存することができ、社会は持続し社会秩序が成り立っているのであり、親が子を育てるのは、将来、その恩返しに、子が親に孝行するからであるから、子が親に孝行しなくなったら、親は子を育てなくなり、社会は持続できず、滅亡する。したがって、わたしが母に恩返しをしなかったら、そして、すべての人がわたしにならって親に恩返しをしなかったら、社会の滅亡を招くことになり、世界が崩壊するという長ったらしい奇妙な論理をいつの間か、わたしは固く信じていた。そして、母に恩返しをするということは、母の言う通りにすること、家業を継ぐということであった。

ところが、大きくなったある日、この母親像、この論理は、わたしが自ら自分の頭で考えて達した結論ではなく、彼女がわたしを思い通りに支配するために日々の生活を通じていろいろなことをほのめかし、わたしの心に深く植えつけたものであることが読めてきた。彼女が言って聞かせたさまざまな観念を信じてそのまま従えば、わたしは彼女に好都合な奉公人・使用人・奴隷にならざるを得ない仕掛けになっていた。この論理によれば、親孝行は社会の滅亡・世界の崩壊を防ぐという立派な絶大な目的のためということになっているけれども、その暗黙の前提として、親が子を育てるのは、子を親のために役立つ存在にするためでしかなく、そうならないなら子を育てないという冷酷な親の打算的エゴイズムが隠されていることに、わたしはなかなか気づかなかった。

そのうちそれに気づいたわたしは必死に反発したが、この母親像と論理は心に深く根づいているため、それは現実に反するとんでもない間違いであり、不当であるとどれほど理論的に反証を組み立てて自分に言い聞かせても消し去ることができず、気を許していると、つい、引きずられてしまう。情けないことながら、母の悪口を飽きもせず繰り返すことでやっとその支配から逃れ、正気を保つことができるのであって、それは決して母に対する関心と愛情のしるしではない。

そういうわけで、母の悪口を言うのをやめられないのは、彼女に植えつけられた母親像にいまだに支配されているからであって、幼いときに叩き込まれた観念は人の心に深く根を張るらしく、いつこの支配から脱することができるかどうかは甚だ心許ない。たぶん、鳥類の雛《ひな》に見られる刷り込みの現象と同じく、いったん刷り込まれたものは死ぬまで消えないのではないか。やさしく献身的な母親像とわたしの人格障害の症状とは、構造的に一体不可分に結びついているらしく、献身的な母親像が浮かんでくるままに身を任せていると、人格障害の症状が確実に如実にぶり返してくるのである。そういうわけで、わたしは否定すべき身勝手な母親像をわざわざ強く思い浮かべて必死に抵抗するのである。しかし、母に植えつけられた諸観念を完全に克服することができ、いまだに消えない母の情緒的支配から全面的に解放されたときには、やさしかった母に感謝する気持ちになるであろう。母にはやさしかった面もたくさんあったのだから……。しかし、まだそうできる余裕がないのである。

しかし、信じてくれないかもしれないが、母に対するわたしの罵詈雑言を「よくぞ言ってくれた」と長い手紙を書いてくる読者も少数ながらいるのである。親にめちゃくちゃにされたと恨み骨髄の人はわたしだけではないと思う。しかし、いったん形成された性格は容易なことでは変えられないために、苦しむのである。

わたしの人格障害の基底に現実感覚の不全があるが、それは、わたしを母自身の目的のために役立つ便利な人物に育てようとしていて、そのほかのことはほとんど考えなかった身勝手なエゴイストであった母を、わたしを愛してくれ、わたしを個人として尊重してくれ、わたしのために尽くしてくれる心やさしい慈母と信じたという現実否認・現実歪曲《わいきょく》に起因すると考えられる。非現実を現実と誤認するこの認知構造の歪みはわたしの人格の基本的構造として現在まで続いており、それは母との関係だけに留まっていなくて、人間関係一般に拡大し普遍化している。そのため、わたしは社会生活上、往々にして不適応に陥ってしまうが、どうしようもない。

それから、以上のような個人的経験を根拠として推論したことであるが、千数百年前に作られた天孫降臨神話が現代の日本に影響を及ぼしているという説については本書においてこれからおいおい説明してゆくつもりである。

個人心理を集団心理に当てはめるのはおかしいか

さらに次の点である。国家や民族などの集団をあたかも個人であるかのように扱うのはどう考えてもおかしいという批判に対しては、これまで何度も反論しているが、それでもこの説は納得できないという人が絶えない。個人心理の形成過程や構造と、集団心理のそれとが同じであり、歴史的に同じような観念群を要素として成り立っているという説は、個人の独自性を信じる個人主義者の自尊心を傷つけるのであろうか。自分の考えは自分が自分だけで独自に形成したと思いたいのであろうか。自分の考えがどれほど社会の共同幻想、他の人々の考えを採り入れているかを知っていれば、自分だけで自分独自の考えを持つなんてことはできないことがたやすくわかるはずである。

個人は集団心理との関連のなかで個人心理を構築するのであって、集団心理からかけ離れ、無関係な独自の個人心理というものは存在し得ないのである。もしかりに存在しているとすれば、彼は集団心理を理解できないし、集団の他の人々とは話が通じないはずである。その個人心理が集団心理と共通な要素から成り立っている人でなければ、集団心理を理解できるはずはないからである。

ところで、わたしの説を批判する人は、個人の心理と行動は脳組織や神経系の働きなどの生理的条件によって決定されているが、集団の心理と行動は政治・経済・法律などの社会的条件に決定されており、両者はまったく無関係な異質の現象であると考えているのではないか。それにもかかわらず、わたしが個人心理を説明する理論をこじつけて何の根拠もなく無理やり安易に集団心理に当てはめるのはおかしいと思うらしい。このような同じ批判が繰り返し寄せられるので、わたしも、すでにどこかで述べたことがある同じ反論をまた繰り返すことにする（拙文「精神分析は集団心理学である」を参照されたい）。

わたしの考えによれば、個人の人格構造も集団の社会構造も、それまでの歴史の過程において獲得した諸観念を個人または集団の人々が人為的に構成することによって成り立っているのである。個人の人格構造も集団の社会構造も、脳内物質とか経済的条件とかの物質的条件によって決定されるのではない。したがって、個人と集団は構造的には同じであり、どうすればうまく機能するか、どういうことで狂うかなどのことは同じ法則によって心情的に理解できるのである。個人の場合の神経症・精神病・誇大妄想・被害妄想などはまったく同じ現象が集団においても起こるのである。したがって、日本やアメリカやヨーロッパなどの国々はあたかも個人のように理解し説明できるのである。

もし個人の心理と集団の心理とが起源が異なるまったく無関係な異質の現象であるなら、個人は集団を理解できないし、集団のなかの個人と個人は理解し合えないであろう。

人間の思想や行動の原因は、心や脳の中に見出せるのか

今やあまり使われなくなっていたが、かつては精神病質人格という概念があった。精神病質はいろいろな面に現れる。そのなかでいちばん問題になるのは「残虐型精神病質人格」であろう。このタイプは怒りや憎しみからではなく、恨みを晴らすためでもなく、無自覚・無目的に平気で残虐なことをするということになっている。可愛いからという理由で幼い女の子を殺したりするとか。仲良く付き合っていて何の恨みもない友達を、たまたま出会った無関係な行きずりの人を、何となく殺してみたくて殺したりするとか。動機も理由もわからないそのようなひどいことを平気でするのだが、残虐なことをして楽しんでいるのでもないらしい。反省することなく、反射的に残忍なことをしてしまい、残忍なことをしたという自覚もないらしい。

そのほか、何らかの現実的目的を遂げるためではなく、気軽にというか堂々とためらいもなく人を騙《だま》したり白々しい嘘をついたりするが、嘘がバレても恬《てん》として恥じず平気の平左な人がいるとのことである。「欺瞞《ぎまん》型精神病質人格」とでも言おうか。また、目立ちたがりで自己中心的で自分のことにしか関心がなく、いつまでも飽きずに自慢話ばかりしていたりするタイプもいるらしい。「自己愛型精神病質人格」と呼べばいいであろうか。

これらの変な人たちは精神病質人格と呼ばれていたが、その特徴とされているのは、そのた

めに失敗してひどい目に遭ったり人に非難されたり罰せられたり嘲笑されたり拒否されたりしても懲《こ》りて態度を改めるということはなく、反省することもなく、同じことを繰り返すことである。罪悪感や羞恥心《しゅうちしん》や自制心は欠けているようである。

もちろん、精神病質者でなくても、普通の一応は正常な一般人のなかにも、残虐な人、嘘つき、己惚《うぬぼ》れ屋などはいるが、精神病質者と違って、一般の正常な人の場合、彼らがなぜ残虐なことをするかが了解可能である。成育過程で親など誰かに何らかのひどい虐待を受けたとか、冷たく見捨てられ屈辱を味わわされたとかのことがあって、その結果、深い怒りと憎しみを抱いていて、世を恨み人を恨んで人を傷つけ苦しめることを好む冷酷無情で攻撃的な異常性格になったのではないかと推測することができる。彼らは残虐なことをするときは自分が残虐なことをしていることを知っていて、そのことに情緒的な喜びを感じていたり、性的対象を苦しめて快感を感じるサディストだったりする。しかし、彼らは、残虐なことをして非難され、これ以上続ければ多大の不利益を招くとわかれば残虐なことを止めることもできる。

一般の一応は正常な嘘つきは、嘘がバレて効果がないとわかればあまり嘘をつかなくなる。一般の正常な己惚れ屋は自慢話ばかりしてあざ笑われれば同じ相手にはもう自慢話を控える。彼らがなぜ嘘つきや己惚れ屋になったのかは、彼がどのように育ったか、今どのような状況におかれているかということから推測できることが多い。

ちょっと変わっていないでもないが、一応は正常な一般人は、精神病質者と比べると、外側の行動だけ見れば同じようなところがあるので、一緒くたにされたりするが、決して同じではないとのことである。現代ではとくに脳の研究が進歩し、以前にはよくわからなかったことが詳しくわかるようになったそうである。わたしはもともと脳には興味がない人なので、どうようなことかよく知らないが、耳にしたことがある用語を使わせてもらうと、脳のさまざまな働きは、前頭葉とか視床下部とか扁桃体《へんとうたい》とか海馬《かいば》とか脳のそれぞれの部位と関係があり、怒り・憎しみ・攻撃性・安心感・好意・愛情・悲しみ・鬱・不安・恐怖・焦りなどの感情や気分はアドレナリンとかヒスタミンとかドーパミンとかセロトニンとかあれこれの脳内物質と関係があるそうで、精神病質者においては、その脳内のあれこれの部位が肥大しているとか萎縮《いしゅく》しているとか衰退しているとか、部位と部位が繋がっているとか切れているとか、脳内物質が増大しているとか減少しているとか、一般の正常な人の脳には見られない現象が観察されるとのことである。

精神病質者の脳内の部位や物質に観察されるというこのような特異な現象は、遺伝によるのかもしれないし、胎内生活のせいかもしれないし、出産後の何かの事故で脳が傷ついたためかもしれないし、親子関係などの環境に原因があるのかもしれないが、しかし、精神病質者においてそれらの原因のそれぞれが精神病質のどういう点においてどれほどの役割を占めているかはわからない。わかるはずもない。したがって、脳内の現象が原因としてまずあって、それが結果として当人の思想や行動を決定するのか、それとも、当人の思想や行動がそれに対応する脳内の現象を惹き起こすのか、そのいずれであるかは、悲しいから泣くのか、それとも、泣くから悲しくなるのかという問題と同じく、どちらも考えられ、よくわからない。

ＭＲＩとかの装置が発達して脳内の現象の調査と研究がどれほど進歩したとしても、脳内の現象とその脳の所有者である個人の思想や行動との厳密な因果関係どころか、おおまかな因果関係すら判明するわけはない。昔、凶悪犯の過激な攻撃性は前頭葉とかに発するとされて、前頭葉を除去するロボトミーという手術が行われたことがあったらしいが、手術が成功しても何もしたがらない無気力な人間になるだけだったらしい。脳内のある特定の原因が、ある特定の行動を結果するというような単純なことはないようである。

しかし、究極の精神的安定を得たいのであろうか、人間の思想や行動の確かな原因を心や脳の中に発見したいという人間の野望は執拗《しつよう》で切実であって断念しがたく、あくまでこの野望を実現しようと追求する人々は絶えることがない。

インチキ心理学が去り、インチキ脳科学が出現

ひと昔前のことであるが、この野望の実現が心理学に期待され、どのような事件も、それにかかわる当事者たちの心理を研究すれば、解明できるとされ、心理学が万能科学のように錯覚されて大いにもてはやされたことがあり、そこにつけ込んだ一部の心理学者が書いた心理学書

が馬鹿売れしたことがあった。なぜ犯人はあのようなとんでもない変なことをしたのだろうと人々が不思議がるような事件、驚くような奇怪な事件などがあると、新聞記者などが心理学者のもとにやってきて、犯人の心理についていろいろ質問するという慣例があった。もちろん、まともな普通の心理学者はそのような答えようのない質問には答えなかった。しかし、何をどう思っているのか知らないが、「講釈師、見てきたような嘘を言い」ではないが、なかには犯人の心をすっかり見通しているかのように説明する者もいて、その際の心理学者たちの答えがあまりにも無責任でつまらないので、堪《たま》りかねたわたしはある雑誌に「心理学者の解説はなぜつまらないか」という拙文を書いて文句をつけたことがある。

その後、その種の心理学者の解説がいい加減なこじつけであることが知られてきて、心理学ブームは去ったが、人々は人間の思想や行動の確かな原因を把握したいという野望をあきらめきれないらしく、今や、人々のそのような期待を裏切って見捨てられた心理学の代わりに脳科学がブームになり始めているようである。「心」のような摑《つか》みどころのないものの「理学」よりも、「脳」のような解剖や撮影によってこの眼で見ることができる具体的事物の「科学」のほうが信用できるような気がするのであろうか。

しかし、さっきも言ったように、脳内の現象と人間の思想や行動との因果関係などはわかっていないし、わかるはずもないのである。両者のあいだに一定の因果関係があるという思い込みが間違っている。

　そもそも、心とか脳とかの内容は、周りの世界から個人が受け取ったさまざまな刺激に対する個人の反応なのである。われわれは愛する人、親しい人が亡くなったから悲しくて涙を流すのである。人に侮辱されたり騙されたりしたから腹を立てて反撃するのである。このような単純明快な事実を見ないで、一部の脳科学者は脳内に何らかの生理的・物質的変化があり、その変化は悲哀という感情を惹き起こし、それが原因となって、涙を流したという行動が結果したと考えているのであろうか。確かに、悲しいとき、脳内の物質の何らかの変化があるのであろうが、しかし、それが悲しみの原因ではないし、涙が出た原因でもないであろう。

　もちろん、周りの世界からの刺激に対してすべての人が一定の同じ反応をするわけではない。常識として考えられる範囲をはるかに超えた過剰なとんでもない反応をする人がいることは確かである。たとえば、今問題にした悲哀と鬱病を考えてみよう。悲哀の極端な形が鬱病であるのかもしれないが、確かに鬱病患者には、何も人生を悲観しなければならないような事情はなく、すべてはうまくいっているではないかとしか周りの人たちには見えないような人もいるが、この場合、外部に原因のない脳内物質の何らかの病的変化のせいかもしれないが、あるいは、本人は自覚していない遠因が幼児期の親子関係にあるかもしれない。

　このように、外部に原因が見当たらない鬱病患者や、さっきも例にあげたが、たまたま見かけた見知らぬ幼女を殺す人や、嘘ばかりついて嘘がバレても恬として恥じない平気な人などを問題にして、精神医学や心理学では、そのような常識外れの人物をかつて精神病質者と呼んでいた（一般的には「変質者」と呼ばれていたようである）が、この呼称は彼らを一般の正常な人とはまったく異質のどうしようもない特別の病的な劣等人間として差別しているようで好ましくないためであろう、その後はあまり使われなくなっていた。

精神病質者を英語で言えばサイコパス（psychopath）であるが、最近、テレビによく出る脳科学者と称する者が精神病質者をサイコパスと言い換えて、この差別的概念を復活させようとしているらしい。psychopath は、精神病質者と訳されて一般的にも通用していたのに、なぜわざわざ英語のサイコパスに戻すのかの理由がわからない。日本語の訳語を英語に戻しただけで、新たに何も説明していないが、同じ意味の用語でも英語にすれば、新しいことを言っていると読者が錯覚することを狙っているのであろうか。英語のほうがカッコいいからであろうか。この訳語の差別的ニュアンスを消そうとしているのであろうか。

さっきから問題にしているように、遺伝や環境の原因とその結果としての精神病質者の思考や行動とのあいだの科学的因果関係に関して、実際問題として、どの原因がどのような結果をどれほどの割合でもたらすかは厳密にわかっているわけではないが、どちらかと言えば、精神病質者の不可解な常識外れの精神病質的思考や行動の原因は、環境よりも遺伝のような、個人が生まれる前のことなので何やらよくわからずごまかしが利く原因に求められがちである。そこで、脳科学者は、脳が研究対象なのだから、当然、先天的に脳に内在する遺伝の原因を重視しがちなのではないかと思われる。

織田信長をサイコパスと呼ぶのは何の意味もない

たとえば、前述の脳科学者と称する者は、織田信長をサイコパスだと判定して何か説明したような気になっているようである。もし、サイコパスの脳にしか見出せない何らかの特別の病的な部位か物質が存在するとして（わたしは存在しないと思っているが）、信長の脳を調べてそのようなものを発見したというのなら、信長をサイコパスとしてもいいかもしれないと思うが、信長はとっくに死んでいるのだから彼の脳は調べようがないし、調べて何かを発見したとしても、それが彼の残酷な行動の原因であると判定する根拠は何であろうか。彼は比叡山の僧兵・一向宗徒などを平気でむごたらしく皆殺しにしたそうであるが、信長はきわめて残酷なことをした人だからサイコパスであるというのなら、要するに単なる同語反復であって、雨の降る日は天気が悪いというのと同じで、現象の解明に役立つわけもなく、何の意味もない。

確かに、信長の残酷さは、現代のわれわれの常識に照らせば、過剰で常識外れであるが、それは、彼がどのような育てられかたをしたか、戦国時代のどのような状況におかれていたか、どのような目的を追求していたか、どのような敵を相手にしていたか、どのような危険に晒《さら》されていたか、どのような部下を従えていたかなどの条件から了解可能ではなかろうか。ともかくにも、彼は家臣・部下を統率してかずかずの作戦に勝利を収め、天下統一の寸前までいったのだから、おかれていた状況に彼なりに適した判断と行動を選んでいたことは間違いない。
幼女を次々と何人も殺した宮崎とかいう犯人がいたが、彼の行動は彼がおかれていた現実の状況から合理的に説明できないであろう。とにかくわたしには了解不能である。彼の脳を調べなくても、彼をサイコパスと判定して間違いないと思う。しかし、とくに歴史上の人物に関しては、ある人物が常識外れの変なことをしたとしても、彼をサイコパスと判定することができるのは、その前に、彼がどのような状況におかれていたかなどの諸条件を慎重に詳細に検討してみて、それに対する合理的反応であるとはどのように考えても思えないときのみに限る必要があるであろう。その際、われわれは誰でもわれわれが生きている今の時代の共同幻想に囚われていることを自覚しておくべきであろう。残酷に人殺しをしたという行動を外側から見ただけで、軽率にああだこうだと断定すべきではない。

さっきの鬱病の問題に返れば、鬱感情は、外部に原因のない脳内物質の何らかの病的変化のせいかもしれないが、本人は自覚していない遠因が外部の環境にあったかもしれない。鬱病の患者を診察して簡単に抗鬱剤を処方するのは、鬱病の原因は脳内の何らかの病変にあると見て、その病変を抗鬱剤で何とかしようということであろうが、そうではないかもしれない。たとえば本人の幼児期の親子関係に遠因があることも考えられ、その場合は、その遠因を無意識から引きずり出して本人に自覚させ、本人が自分はなぜ憂鬱なのかを徹底的に理解して、過去の親子関係を構築し直す（親が亡くなっているときでも観念的・心情的に）のでなければ、鬱病は治らないであろう。

心理学主義と言われていたが、かつて一部の心理学者が人間行動の動機は心の中にあると錯覚していたように、一部の脳科学者は、残酷な行動なら残酷な行動の原因が脳の中にあると錯覚しているのではなかろうか。

もちろん、まじめに研究しているまともな心理学者・脳科学者もいるであろうが、インチキ心理学者・インチキ脳科学者をわたしがインチキだと見なすのは、彼らが心や脳の外部に原因がある異常行動・精神障害と内部に原因があるそれらとをごちゃまぜにするからである。

要するに、人間の心や脳はどうなっているのか、人間の思想や行動はどこから由来するのか、複雑怪奇でよくわからないから不安になって、何とかわかろうとして、つい一部のインチキ心理学・一部のインチキ脳科学に人々は飛びつくのであろうか。

人間は基本的に世界との関係のなかで残忍なことをするのであって、世界との関係から切り離されて、残忍な人の脳の中に残忍な行為の原因である脳内物質とかがあるとは限らない。もし、そのようなものがあるのなら、それを発見して、脳から抜き取ってやれば、その人はおとなしい平和な人物になるはずであるが、そういうわけにはゆかない。たとえば、怒りには、不当な弾圧者に反撃したい正当な怒りもあるし、弱い者を虐待したい卑劣な怒りもあるであろうが、脳内物質を調べてもその区別はわからない。

要するに、脳の生理学的・解剖学的成分をどれほど詳しく調べようと、たとえば、ある人がイスラム教徒であるとか、共産主義者であるとかがわかるわけはない。織田信長の脳をどれほど調べても彼の攻撃性が一向宗徒に向かうかどうかはわからない。それは、ある絵画に使われている絵の具の化学成分を科学的にどれほど精密に詳しく正しく調べようと、その絵画の芸術的価値は判定できないのと同じである。物質のレベルと価値のレベルをごちゃまぜにしてはならない。ある行為が残忍であるかは価値の問題であって、価値は共同幻想である。

脳は思想の座であって、確かに脳がなければ思想はつくれないが、脳内物質が思想の内容を決定するのではない。

要するに、人間の「心」も「脳」も、崩壊しているのでない限り（たとえば、交通事故に遭って頭部が怪我し脳髄の一部が破壊されたとか）、周りの状況との関連のなかで現象しているのであって、それと切り離して「心」自体、「脳」自体を「科学的・客観的に研究」しようとするのは、いかにも具体的事物を対象とする「科学的・客観的」研究であるかのごとき錯覚を与えるが、絵画に使われている絵の具という具体的事物の化学成分を研究して絵画の芸術的価値を判定しようとするのと同じく、とんでもない見当違いなのである。

第二章

わたしの略歴

養子として岸田家に

わたしは戸籍では一九三三年十二月二十五日に生まれたことになっているが、これは嘘《うそ》だそうで、幼いときに周りの人に聞いたところによると、生まれたのは同年の夏頃らしい。桃井英佑・ひさ夫妻の六人の子の次男として生まれたとのことである。姉が三人、兄が一人いて、わたしのあとに妹が一人いる。現在、姉二人と兄はすでに死亡している。わたしは生まれる前から男の子だったらという条件で約束されていたとのことで、岸田新太郎・しな夫妻の長男として入籍した。岸田しなは桃井英佑の妹である。戸籍上は、岸田夫妻の実子ということになっていて、一人っ子である。昔の田舎の役場では、別に真偽を糺《ただ》すことなく、申請通りに受けつけたらしい。戸籍上の誕生日が実際より遅れているのは、なぜだかよく知らないが、桃井家から岸田家へと移されるときに手間取ったのであろうか。実母の授乳期間だったのであろうか。

いちばん遠い記憶に実母に授乳されていると二歳上の実兄に邪魔されたという場面があるが、桃井家と岸田家とは隣りだったということもあり、幼いときには頻繁に桃井家に出入りしていたらしい。桃井英佑の父（桃井弥三郎・わたしの戸籍上の母方の祖父、血筋上の父方の祖父）は蜜柑《みかん》山を持っていて、秋には八百屋の桃井家の店先には蜜柑が山のように積んであった。わたしは蜜柑が好きで、勝手に蜜柑を一度に二、三十個食べていた。手が黄色くなった。

わたしが岸田家の子となったのと同時に、母は父の妻として入籍している。それ以前から一緒に暮らしていたはずで、よく知らないが、婚姻届が遅れたのは、父の父（岸田勇三郎）が反対していたからであろうか。しかし、母は夫（父）の父に働き者だと人物を認められていたそうなので、反対されたからではないであろう。たぶん、昔の人は戸籍のことなどあまり気にしなかったので、わたしを入籍するついでに母も入籍したのであろう。

父の父はその前年、脳溢血《のういっけつ》で急死したとのことである。実を言えば、父は父の父の実子ではなく、わたしと同じように貰《もら》いっ子だったそうである。父の実父は父が四歳のときに西瓜《すいか》を食べて赤痢に罹《かか》って死に、父の実母は再婚し、父は子がなかった実父の兄に貰われたそうである。父とわたしは血が繋《つな》がっていないのにもかかわらず、気が弱くてあまりNOと言わないとか、責任ある指導的立場に立つのを恐れて避けるとか、物事を自分で決めずに右往左往し人任せにするとか、性格的に似ているところがあるが、養子根性というか、ともに養子、貰いっ子だったこともその一因かもしれない。あるいは、夫（父）は母の好みのタイプで、母がわたしを好みのタイプに育てたためかもしれない。

桃井英佑（わたしの実父）は、女好きのぐうたらな男だったそうで、頼りにならなかったのであろう、その上、桃井英佑の妻（わたしの実母）が末っ子の妹を生んで間もなく病死したということがあって、妹は岸田家に移されて養育されたが、わたしと違って戸籍上は岸田家に移されず元のままであった。

わたしは妹をひどくいじめた。わけもなく、妹を見ると無性に腹が立ったことを覚えている。当時はなぜなのかわけがわからなかったが、今、考えてみると、わたしは母の重圧のもとで苦しんでいるのに、妹は何も気にせずのんびりとしているように見えて（もちろん、誤解であったが、彼女はわたしの母に家事の手伝いなどはさせられていたものの、何も期待をかけられていなかったので、母の重圧に苦しんだりしていなかったことは確かであった）、羨望し嫉妬していたのではないかと推測される。本来なら、母に向けられるべき怒りを卑劣にも立場の弱い妹に向けたのであろう。

桃井家は八百屋、岸田家は劇場を営んでいたが、さっきも言ったように、両家は隣りであった。のちに友人となった窪島《くぼしま》誠一郎氏は、どうも父母と称する夫婦が実の父母ではないらしいと気づき、実父母を何年も探し求めてやっと水上勉《みずかみつとむ》氏が実父であることを突きとめたとのことであるが、わたしの場合、実父母は隣りに住んでいて周りの人たちも知っていたから探すまでのことはなく、実母は早く死んだし、実父は近所の顔見知りのおっさんという感じで、実父だと感じたことはなかった。親としての責任をないがしろにし、わたしを「捨てた」わけであるが、そのことについてとやかく思ったことはないし、恨んだこともない。

実父が死んだとき、わたしは東京にいたが、しばらくして何かの用事でふるさとへ帰ったとき、誰かが「そう言えば、英やん（実父の呼び名）、こないだ死んだぜ」と初めて知らせてくれ、わたしも「あ、そう」と答えただけであった。というわけで、わたしの場合は、水上勉氏と窪島誠一郎氏が初めて父子として対面したというような感激のドラマはない。実父で印象に残っているのは将棋が強かったことぐらいである。雑誌に載っている詰め将棋の問題などをちょっと眺めて解いていた。

ついでながら言えば、実父が小料理屋で女と食事していたとき、それを知った妻（わたしの実母）が乗り込んで刺身を見つけ、「こんな旨いもの、喰《く》ったことがない」と叫んで刺身をまるごと口に中に放り込んだという面白いエピソードを長女か次女（わたしの実姉）に聞いたことがある。実母は他のことは何もせず、ただひたすら働きづめに働いた人だったそうで、親戚だから我が劇場の映画は無料だったのに、当時大評判の『愛染《あいぜん》かつら』すら見る暇もなかったとか、やっと『愛染かつら』だけは見ることができたとか、長女か次女が言っていた。末っ子を産んで間もなく病死したが、心残りだったであろう。しかし、わたしは実母に関しても母という実感はない。実母が死んだとき、長女が我が家に飛び込んできて、「かあちゃんが死んだ」と叫んで泣き出したシーンを覚えているが、わたしは悲しいとも何とも感じなかった。

くも膜下出血になった十九歳のとき

さて、わたしは一九四〇年、皇紀二千六百年、六歳のとき善通寺町立中央小学校（国民学校）に入学。真珠湾奇襲の日のことは覚えているが、二年生のときのことで、敗戦は六年生のときであった。小学生のとき、そしてその後も夜尿がひどかった。母は大変困っていた。記憶にはないが、無意識的に母を困らせたかったのではないかと推測される。そのほか、夜中に体が動かせなくなり、呼吸ができなくなるという変な病気に罹った。母はわたしを連れてあちこちの病院を渡り歩いたが、原因不明で病名はわからなかった。誰かが体のどこにでもちょっと触って揺すってくれると、停止していた神経が動き始めたかのように呼吸が回復するのであった。死ぬのではないかと不安だった記憶がある。そのうち自然に治ったが、なぜ治ったかも不明であった。

十二歳で香川県立丸亀中学に入学。在学中、マッカーサーの学制改革によって旧制丸亀中学が新制丸亀高校になった。中学・高校時代、強迫神経症と鬱病《うつびょう》と幻覚に襲われて、もがいていた。ちょっと不良ぽくて、登校拒否というほどではないが、出席日数が足りず、落第しかけたことがある。丸亀高校は丸亀城の外堀と内堀とのあいだにあったが、わたしはよく授業をサボって一人丸亀城に登り、草原に寝転がって空を見ていた。三十代だったと思うが、忘れていた中学三年のときの日記がどこかから出てきて（日記は、生涯、このときに短期間つけたことがあるだけであった）、「落第をせぬかと恐れ通知簿の合の字を見て胸なで下ろす」という短歌が記してあった。

一九五二年、早稲田大学文学部に入学。十九歳、一年生のとき、大学で体育の授業中にくも膜下出血になった。急に頭が猛烈に痛くなった。周りに学生が何人かいたが、誰にも言わず、がまんしていた。誰かに言うということは考えもしなかった。そのうち意識を失った。部屋の隅に倒れているわたしを見知らぬ学生が見つけて救急車を呼んでくれたらしい。その学生が気がつかなかったら、わたしは確実に死んでいたはずである。大学の近くの国立第一病院（当時）に入院した。何日かあと、その学生が病院に見舞いにきてくれたが、わたしは彼の名前を何も聞きもしなかったので、命の恩人の彼がどこの誰かは知るよしもない。

出血して頭が猛烈に痛かったのに、誰にも訴えず助けを求めなかったこと、助けてくれた人をどこの誰か、と知ろうとしなかったことは、普通には考えられない奇怪なことである。

奇怪なことはまだ続く。くも膜下出血は脳の動脈瘤《りゅう》の破裂が原因であって、死亡する危険が大きく、再発すればまず助からないそうである。医者によると、再発の危険を避けるためには脳を手術して動脈瘤を除去することが必要であるとのことであった。ところが、わたしは手術を拒否して勝手に退院してしまった。

その晩だったと思うが、新宿で一人で酒をがぶ飲みし、泥酔した。どうしてそのようなことをしたのか、これも奇怪なことである。そのあとの記憶がないのだが、気がつくと朝で、見知らぬ家で布団の中にいた。どうやって新宿から歩いたのかわからないが、大久保あたりの家であった。見知らぬ夫婦がいて、昨夜、家の前に酔っ払いが寝ていたから、引き上げて寝かしたと言う。放っておくと風邪でも引くのではないかと心配してくれたのであろうか。そのあと、温かいみそ汁つきの朝飯を食べさしてくれた。世の中には見知らぬ酔っ払いのことを心配してこのようなことをしてくれる人間がいるのである。わたしはこの夫婦にその後会ったことはなく、何のお礼もしなかった。これまた奇怪なことである。

発病する前のことを考えてみると、ふるさとから東京に初めて出てきて、これをチャンスにかねてから思っていたように親との関係を切りたがっていたようだが、仕送りを断って自活する自信はないし、やはりダメかと迷っていたような記憶があるけれども、はっきりしない。意識的には死ぬ気は全然なかったが、発病してからの行動を考えてみると、死にたがっていたとしか思えない。頭が猛烈に痛かったのに誰にも助けを求めなかったし、助けてくれた人のことを知ろうとしなかった。あたかも病院なんかに送り込んでくれなくてもよかったのに、と言っているかのようである。手術を拒否して勝手に退院し、一人で酒をがぶ飲みして泥酔するなんて、あたかももう一度、動脈瘤を破裂させたがっていたかのようである。自活したくてもできそうにないし、このまま母に支配された人生を送るのかと自暴自棄になって、無意識的には死にたがっていたのであろうか。あるいは、わたしの存在を消滅させて、わたしを当てにしている母の期待を決定的に裏切ろうとしていたのであろうか。

医者には再発の危険があるから用心するようにと言われていたので、もちろん、意識的には死ぬのを非常に恐れていて、その後、二十代の頃は三十歳を過ぎれば脳の血管が老化してまた破裂して死ぬのではないかとビクビクしていた。三十代の頃も四十歳を過ぎれば死ぬのではないかとビクビクし続けていた。だが、どういうわけか、動脈瘤を除去する手術を受けるのを避けていた。どうしてなのか、自分でもよくわからない。記憶にはないが、無意識的には死んでもいいと思っていたのであろうか。これも奇怪なことであった。

運がよかったのか、くも膜下出血は再発しなかったが、どういう心境の変化か、五十歳を過ぎたら、本当に死ぬのが怖くなり、命が惜しくなったらしく、やっと脳の手術を受ける気になった。動脈瘤を除去すると、長年、囚われてきた死の恐怖から解放されてホッとしたのを覚えている。それでホッとするぐらいなら、なぜそれまでズルズルと手術を受けるのを先延ばしにしてきたのかも、やはりよくわからない。いつ再発するかもしれないとの不安を抱えながら生きていることに何らかの意味を感じていたとも思えない。とにかく、手術を受けたおかげかどうか知らないが、今や、八十代の半ばになって、まだ生きている。

家業の劇場を継ぐも、大赤字に

話を戻すと、大学ではあまり学校へ行かず、ほとんどの授業はサボって遊び歩いていたように思うが、何をしていたかはあまり覚えていない。いや、麻雀やビリヤードには耽《ふけ》っていたが、大学で何かを学んだという記憶はない。印象に残った教員もいない。しかし、出欠を取らず、学年末の試験を受けさえすればいい加減な答案でも単位をくれる寛容な教員がいたが、それはまだましなほうで、年に二回か三回しか授業をしない教員や、毎回エロ話ばかりする教員や、麻薬中毒で授業中、涎《よだれ》を垂らして居眠りをする教員（これは伝聞で直接見たわけではない）がいたりして、大学当局がいい加減だったからであろう、サボリ学生のわたしもちゃっかりと四年間で卒業できたが、四年生のときに取得した単位が一年生から三年生のあいだの三年間に取得した単位より多かった。現在では、文科省の監視が厳しくなったようだし、単位制度も変わって、そういうことはできなくなっているそうである。

卒業直前に母が同じくも膜下出血で急死したので、卒業後、故郷に帰り、家業の劇場を継いだのだが、経営能力がなく大赤字を出した。赤字を出したのは、はっきり意図していた覚えはないが、半分故意だったかもしれない。劇場を経営した一年間は、母はわたしに見捨てられて過労に追い詰められたために死んだような気がして、わたしが母を殺したのではないかとの罪悪感に責められ、一日一日が過ぎゆくことだけが支えのような毎日であった。

しかし、考えてみれば、この時期に母が死んだのはわたしのためには幸運だったかもしれない。母が生きていれば、その期待に背くことができず、嫌々ながら劇場の経営を引き受け続けざるを得ず、劇場主で生涯を終えることになったかもしれない。もしそうなっていたら、優柔不断なわたしのことだから、きっぱりとやめることはできず、不本意なことをやらされているという不満のために生活は荒れて、ろくなことにはなっていなかったであろう。

とにかく、母と違って、父は劇場を継ぐことを求めなかったし、わたしが東京で好きなことをするのを認めてくれたので（東京で住むのなら、家の一軒ぐらい買ってやろうかと言っていた）、わたしは劇場の経営は一年間で切り上げて、東京に舞い戻って、故郷から逃げ出す口実が必要だったからでもあったが、早稲田大学大学院文学研究科に入学し、今度は学部のときよりはわりとまじめに勉強して修士論文を提出して文学修士の学位を得て博士課程へと進み、必要な単位は取得し、博士論文提出資格試験には合格したのだが、ずっとのちに提出した博士論文は不合格となった。早稲田大学大学院文学研究科で博士課程の修了に必要な単位は取得し、博士論文提出資格試験には合格し、博士論文を提出して、そのあげく不合格となった者は、制度が変わって文部省（文科省）ではなく各大学が博士号を授与するようになって以来、わたしが初めてだそうである。

大学院でゴロゴロしているわけにもいかなくなったので、どういう風の吹き回しか、フランス大使館か日仏学院かで行われた試験には合格して、一九六四年、東京オリンピックの年、フランス政府招聘《しょうへい》の給費留学生としてフランスに渡った。当時はまだ500ドル（固定レートで1ドル＝360円）以上の外貨持ち出しは禁じられていた。渡航費もフランス政府の負担で、今はなくなった Message Maritime 社のベトナム号という船に乗り、横浜からマルセイユまで、毎晩、おいしいフランス料理が出てワインは飲み放題で、船にはプールもあり、途中で香港、サイゴン（現ホーチミン市）、シンガポール、コロンボ、ボンベイ（現ムンバイ）、ジブチ、エジプト、バルセロナに寄港し、それぞれの地で観光できるという楽しい一ヶ月の船旅であった。ただ、当時はまだシンガポールは独立しておらず、わたしが寄港したときに運悪く、マレー人と中国系人が喧嘩《けんか》して暴動が起こっていて、船の客は港に留めおかれ、街へは行けなかった。

フランスには国立大学しかなく、給費留学生はどの大学を選んでもよかったが、ドイツとフランスが奪い合ってドイツになったりフランスになったりしたアルザスの地に興味があったので、ストラスブール大学人文学部大学院に入学した。アルザスは、大学や市内ではフランス語、朝市で野菜などを売っているおばちゃんたちや、田舎の飲み屋などではドイツ語の方言であるアルザス語が喋《しゃべ》られているという面白いところであった。老人には、生まれたときはフランス人、その後、プロシアがフランスに勝ってドイツ人になり、第一次大戦でドイツが負けてフランス人になり、第二次大戦の初めヒトラーが勝ってドイツ人になり、最終的にドゴールが勝ってフランス人になり、現在はフランス人という人がいた。共和国広場にはフランス兵の息子とドイツ兵の息子を抱いている母親の彫像があった。地方紙があったが、フランス語版とドイツ語版があった。

ストラスブールには二年半滞在して"Doctrat de Troisième Cycle"(日本で言えば、大学院の修士課程に当たるであろう)の学位を取得するために慣れないフランス語で懸命に博士論文を書いて提出し、Georges LANTERI-LAURA 教授の soutenance (口頭審査)を受けたのだが、これまたどういうわけか不合格になった。

滞在中、同じくフランス政府給費留学生だった日高敏隆氏の知遇を得て、人類という動物について大いに議論し、学ぶところが大きかった。彼とは同じアパートに住んでいたが、彼の部屋にはストラスブール大学の女子学生がよく泊まりにきて、わたしを羨《うらや》ましがらせた話はどこかに書いたことがある。アルベルト・フジモリ氏もペルー政府の国費留学生としてきていて、どういうわけか親しくなって、いろいろなことを喋った。明治維新の話をしたのを覚えている。彼が、歌詞は知らないが父親がよく口ずさんでいたのでメロディーは覚えていると歌ってくれたのは『戦友』であった。どんな歌か知りたいと言うので、わたしはたまたま覚えていた「ここはお国を何百里、離れて遠き満州の赤い夕日に……」と何番かまで書いてフランス語の訳をつけて彼に渡したりした。

数年後、わたしがストラスブールから引き上げて東京にいたとき、彼が、初めて日本にきて父母（彼の母はすでにペルーに移民していた父の写真を見て結婚することにしたそうである）の生まれ故郷の熊本へ行く途中、予告もなく突然訪ねてきて、杉並区の浜田山の家で一ヶ月足らず一緒にいたことがあった。彼は、こまめな男で、風呂場の簀《す》の子が腐りかけていると言って、勝手に近所の材木屋で板を買ってきてトンカチを使って新しい簀の子を作ってくれたりした。

そのさらに数年あと、彼がペルーの大統領になったのを知ったときには、びっくり仰天したが、ストラスブール大学で一緒に学んだ日本人留学生たちとともに大統領就任式に招待されて初めて南米に渡った。就任式のあとの盛大な晩餐《ばんさん》会ではわたしはドイツ人の隣りの席であったが、彼女はフジモリ氏の昔の恋人で、結婚しようということになっていたが、最後の段階で彼はドイツにずっと住むことができず、彼女はドイツを離れる決心がつかないということで涙の別れをしたとのことであった。

その頃のペルーは猛烈なインフレで、朝と夜とではドルとソルとの交換レートが変動した。銀行では政府の公定レートで両替させられることになり、大損するので、代わりに私的な両替人が街角のあちこちに立っていた。レストランのメニューには日替わりするので値段が記されてなかった。テロリストが跋扈《ばっこ》していて治安もよくなく、有名な世界遺産のマチュピチュなどへも行ったが、大統領が護衛をつけてくれた。彼がインフレの収束と治安の回復に大活躍したことはよく知られている。

現在、彼は反政府のテロリストを逮捕しようとしたとき、住民を巻き添えにしたとの咎《とが》で有罪とされ、刑務所に入れられている。彼に有罪の判決を下した裁判官は、彼が大統領に就任したとき、あまりにもそれまでの体制側に有利な判決をし過ぎるとして追放した裁判官であったと聞いている。彼が有罪となったのは、在任中、差別されている先住民のためにスペイン系の支配階級に不利な政策を実施したためと、現在も先住民のあいだで圧倒的人気があって、また大統領選挙に立候補すると確実に当選してスペイン系の大統領が職を奪われるかもしれないから、警戒され因縁をつけられて冤罪《えんざい》を科せられたとしか考えられない。

そう考える根拠は、彼の長女のケイコ・フジモリ氏がこの前の大統領選挙にもこの前の前の大統領選挙にも立候補し、この前の選挙では最高の票を獲得した（その前は二位）が、ともに一位が過半数には達しなかったので、そのあとに一位と二位が争う再選挙が行われ、一回ともごく僅差で敗れるという結果になったことである。それが判を押したかのように雀の涙ほどの僅差なので、何だか怪しいとしか思えないのである。ペルーをよく知る友人が「ペルーは法治国家ではないから」と言っていたが……（先日、彼は大統領の恩赦《おんしゃ》によって釈放されたが、そのあとまた逮捕された）。

そもそも、彼の罪というのがテロリストを逮捕しようとした治安部隊の末端の隊員が間違って一般住民を殺したということであるが、それでフジモリ大統領が有罪というのは正当性があるであろうか。第二次大戦終了後、フィリピンで部下の日本兵が住民を虐殺した罪で方面軍司令官の山下奉文大将が絞首刑になったが、ベトナム戦争のとき、アメリカの反戦大学生のグループが、部下の住民虐殺の罪で山下奉文が処刑されたのだから、ジョンソン大統領も同じ理由で処刑されるべきであると唱えてデモをしたが、もちろん、ジョンソン大統領の処刑は問題にもされなかった。権力を握った側がおのれの都合がいいようにするということか。

ぶっつけ本番、行き当たりばったりの授業

話は変わるが、フランスにいた二年半、わたしは、妻と二人でフランス政府の給費で食べていたが、一九六七年に帰国してからの五年間は、無職・無収入だったので、どんな餌《えさ》にでも喰

らいつく飢えたダボハゼのように、自分の興味や専門と関係なく、どこかから頼まれれば、どんな本でも文献でも引き受けて英独仏の翻訳をやってやっと喰いつないでいた。どういう経路だったか忘れたが、防衛庁（当時）から頼まれて、戦闘機が墜落しそうになったとき、搭乗員がボタンを押せば自動的に脱出できるという、その頃開発された新しい装置の解説書を翻訳したことがある。

そういうある日、和光大学の教員で友人の前田耕作氏と我が家で麻雀をしていたとき、彼が大学で心理学の教員を探しているが、どうかという話があり、その話に乗って、わたしは、一九七二年、和光大学人文学部人間関係学科の教員となった。そして、二〇〇四年まで勤めて定年退職した。

三十二年間の在職中、毎水曜日には水酔会と称して研究室で学生たちと夜遅くまで酒を飲むことが慣例になっていた。研究室には酒とビールの空瓶が溢《あふ》れ、偽学生の出入りが多く、コンパと合宿をよくやる教員として学内では有名であった。自由な楽しい大学であった。卒業後、大学の部室に住みついて暮らしていた元学生がいたりした。秋の大学祭では学生たちは連日、朝まで大騒ぎをして小田急線の線路を跨《また》いで、向こう側の遠くの団地から学生部長のわたしの自宅まで文句の電話が掛かってきたことがある。和光大学は初代学長の方針で反差別を看板としており、身体障害者、視覚・聴覚障害者、在日韓国・朝鮮人、被差別部落民、過激派学生、ＬＧＢＴ、何をやっているのかわからぬ学生が堂々と闊歩《かっぽ》していた。

ある有名な一流大学（東北大学）から転職を希望してきて教授会で承認された英語の教員が大学を見学にやってきて、学内に過激なことが書いてあるタテカンが乱立しているのを見て、何を恐れたのか、就任を辞退してきたということがあった。

初めからではなく、教員となって数年後から、わたしは、人間に関することならどのような質問にも答えるという方針でぶっつけ本番、行き当たりばったりの授業をやり始めた。したがって、毎回、新しいことを喋ることになった。学生の質問などから新しい着想を得ることもあった。唯幻論を思いつき、初めて喋ったのはこの大学においてであり、初めて聞いたのはこの大学の学生たちであった。それからは、教室で喋って大学から給料をもらい、そのあと同じことを雑誌に発表して原稿料を稼ぎ、雑誌に発表したものをまとめて単行本にして印税で儲《もう》けるという、同じネタを三回使って稼ぐという実に虫のいいことをさせてもらうことになった。

最近では、シラバスとかで、文科省の規定によって、大学教員は、年度の初めにこれからの一年間の講義の内容の要約をあらかじめ提出しなければならないことになったらしいが、それでは、一年間、既知の知識を鸚鵡《おうむ》返しに喋っているだけでよく、何も新しいことを考えなくてもいいわけで、文科省のどのような馬鹿な役人がそのようなアホな規定を作成したのであろうか。何を根拠に己惚《うぬぼ》れたのかは知らないが、大学教員を統制下におき、支配したかったのであろうか。あるいは、文科省としてもそのような姑息《こそく》なことはやりたくなかったが、大学がやたらに増え、いい加減な大学教員が跋扈《ばっこ》するようになって、さすがに野放しにしておくわけにはゆかなくなり、大学教員のレベルの最低線を維持するためには止むを得ない処置だったのであろうか。

わたしが定年退職したあと、現在はどうなっているかはよく知らないが、秩序を重んじる教員が何代目かの学長になって初代学長の方針に反し、大学祭に門限を設けて徹夜を禁止したり、タテカンを規制したり、入学試験でいったん合格させた女の子がある新興宗教の教祖の娘だとわかり、信者が押し寄せてきて大学が混乱するのではないかと恐れて入学を拒否したりして、それで学内の雰囲気が変わったと聞いている。

ところで、和光大学の教員となった頃、前述の杉並区の浜田山に住んでいたが、由良君美《ゆらきみよし》氏も同じく浜田山で近くに住んでおり、どういうきっかけだったかは忘れたが親しくなり、お互いの家を訪ね合ったり、一緒に酒を飲んだりした。

そのしばらくあと、『ユリイカ』や『現代思想』の編集長をしていた三浦雅士氏が突然、我が家を訪ねてきて、何を書いてもいいから一年間『ユリイカ』に連載しないかと言ってきた。それまでわたしはまだ文章など書いたことがなく、もちろん、雑誌などに発表したことはなかったので（忘れていたのだが、それ以前に一つだけ、「心理学者の解説はなぜつまらないか」という文章をどこかの雑誌に書いていた）、「どうしてわたしに……」と驚いた。何を書けばいいのか不安だったが、とにかく、何とかなるだろうと引き受けた。

毎月、ない知恵を無理やり絞り出すように書いたその連載がやっと終わったら、三浦氏はまた一年間『現代思想』に連載しないかと言ってきた。わたしはもう書くことはないと断ったが、何だかんだとおだてられて、また引き受けてしまった。一九七七年、この二回の連載は単行本となって青土社から出版され、そのあと、中央公論社で文庫になったが、どういうわけだか馬鹿売れして次々と版を重ねた。この『ものぐさ精神分析』は、初版から四十年経った今でも毎年か隔年、増刷され続けている。

何年かあと、由良君美氏が亡くなってから知ったのだが、なぜ三浦氏がそれまで文章など書いたことがなかったまったく無名のわたしに連載を頼んできたかというと、由良氏が酔うと面白いことを言う男がいるから、何か書かしてみたらと勧めたそうである。もし由良氏がわたしと酒を飲まなかったら、もし三浦氏が由良氏の友人でなかったら、もし三浦氏が決断力のある人でなかったら、わたしは、自分が書いた文章が売り物になるとか、どこかに発表しようとかいう気はからきしなかったので、『ものぐさ精神分析』という本が出ることはなかったはずである。人生は、めったに起こり得ないような単なる偶然のきっかけがあるかないかで大いに変わることがあるものである。

研究者になるには不適で場違いな家庭

わたしは医学部卒ではなく精神医学も精神分析も正式に学んだことはなく、医者でも精神科医でも臨床心理士でもない。日本精神分析学会や国際精神分析学会、日本心理学会や日本臨床心理学会のいずれの会員でもない。精神分析学会の規約では、正式の精神分析者と認められるためには正式の精神分析者から教育分析を受けて精神分析療法を実体験しなければならないことになっているとのことであるが、それも受けていない。また、患者として精神分析者の分析治療を受けたこともない（大学一年生のとき、ある精神分析者に会いに行ったことがあるが、何やら納得できないことを言われてそれっきりになった）。カウンセラーとかセラピストとかに相談したこともない。

母が経営していた劇場を解体して更地にしたとき、そのことと関係があるかどうかわからないが、鬱病がひどくなって、病院で抗鬱剤を処方してもらったことはあるが、どういうわけか、抗鬱剤は利かなかった。精神分析にかかわることと言えば、ただ、主としてフロイトの著書を読んで、その理論を勝手に自分の病的症状に当てはめていわゆる自己分析をしたことがあるだけである。

ついさっきも言ったが、ストラスブール大学に提出した Doctrat de Troisième Cycle の論文も、早稲田大学に提出した博士論文も、わたしとしてはフロイト理論をさらに発展させたつもりであったが、いずれも学術論文として不合格になって学位は授与されなかったということがあった。また、和光大学で「精神分析概論」というタイトルで講義をしていたが、その資格がないと旧文部省から禁止されたことがある。旧文部省には各大学が設置している講義題目について、それを担当している教員がその資格があるかどうかを審議する機関があったそうで（現在の文科省に同様の機関があるかどうか知らない）、わたしは「精神分析概論」を講義する資格がないと判定されたとのことである。精神分析の学術論文が一つもないというのがその理由だったらしい。確かに、わたしにはあちこちの一般雑誌に書き散らした精神分析にかかわりがあるような、ないような雑文はあるが、公式の学会に学術論文と認められ、権威ある学会誌に発表された論文は一つもない。そこで、わたしは、あまり適切ではないと思ったが、講義題目を「精神分析概論」から「現代思想」に変更して同じ内容の講義を続けたが、「現代思想」ならよかったらしく、文句は言われなかった。

このように、ストラスブール大学においても早稲田大学においても提出した学位論文が不合格になったり、旧文部省に「精神分析概論」を講義することを禁止されたりしたことに関して、相手がわたしの理論を理解できず正当に評価できなかったと考えて、相手のせいにすることもできないではないが、わたしの側に責任がないことはないであろう。

現在、わたしは著書や訳書を数十冊出しており、かつては大学教授であったし、世間では一応、学者ということになっているが、わたしがまともな学者かどうかということに問題があるのではないか。

正直なところ、わたしは学者というものになろうとか、なりたいとか思ったことはない。もし、そう思ったとすれば、学者になるために必要なというか、有効なというか、それなりの道に進み、それなりの段階を踏んだはずである。何か文章を書いて雑誌などに発表したとき、編集者に「精神分析学者」というタイトルをつけられることがあるが、わたしはそのつもりがないので、適当に「評論家」とかに変えてもらっている。精神分析の創始者のフロイトの本を熱心に読んだのは、あちこちで何度も言ったように、精神分析という学問に興味を抱いたからではなく、変な強迫観念に取り憑《つ》かれてあがいていたときに、たまたま助けになりそうなフロイトの本を見つけたからである。

そもそもわたしが育った環境というか、背景というか、おかれた状況は、学者になるにはまったく向いていなかった。父も母も尋常小学校しか出ていないし、我が家の中には本らしい本は一冊もなかったし、わたしが大学を卒業するまでは、親戚じゅうを見渡しても大学卒は一人もいなかった。

金田一秀穂《ひでほ》氏が、あるところで、講演に呼ばれると必ず「おじいさまは京助、お父様は春彦、三代続いた国語の権威です」などと紹介されるのを面倒がり、六十歳を過ぎてもいまだに祖父や父親がどのような人かを看板のように言われると嘆いていて、有名な学者の家の三代目であることにはメリットもあるがデメリットも多いと語っていたが、わたしにはそのようなメリットやデメリットのかけらすらない。

父親の書斎に膨大な本があり、辛うじて文字が読めるようになったばかりの幼いときから文学書や思想書を読んでいたという思い出を語っている著名人は多いが、わたしには縁のない話である。周りに学者とか学者らしい人とかを見かけたことがないのだから、学者という概念がなく、学者になろうと思うはずはなかった。わたしがこれまで精神分析学会にせよ日本心理学会にせよ臨床心理学会にせよ、学会というものに入ろうと思ったことも、入ったこともないのも、そのためであろう。だから、研究領域を同じくする友人は一人もおらず、研究の仲間たちと学問的議論を交わしたことはない。そういう素養と教養のなさは、わたしの視野を狭くし、偏らせているに違いない。

人にものを尋ねない、という習癖

早稲田大学を受験することを選んだのは、ふるさとから遠い東京にある大学であったこと、受験勉強をしなくてもよさそうだったからである。父は東大を受験することを勧めたが、受験勉強をしないで東大や京大に受かる自信がなかったからである。大学へ行った第一の目的は、母から離れたいということにあったから、大学はどこでもよかったのである。もし精神分析を専門的に研究するつもりなら、しっかり受験勉強をして、精神分析を学ぶことができるどこかの大学の医学部を選んだことであろう。

どういうことをやっているのかまったく知らずに入学した早稲田大学の心理学科は、精神分析とは何の関係もなく、やっているのは、どの程度の餌《えさ》（賞）や電気ショック（罰）をどのように与えるかによってネズミの行動がどう変わるか、学習効果にどう影響するかを実験する動物の学習過程の研究が主であった。わたしの人格障害には縁もゆかりもなく、なんでネズミなんか研究しているのだろう、人間の心理と何の関係があるのだろうと不思議だっただけで、まったく興味が持てなかった。これでは心理学科（Psychology）ではなく、鼠《ねずみ》学科（Ratology）ではないかという気がしていた。

臨床心理学の分野では、TATやロールシャッハなど、人間の心を調べると称する投影法テストがあったが、なんでこんなもので人間の心がわかるのかと納得がゆかなかった。一般に日本の大学の心理学がどうであったかはよく知らないが、敗戦後まもなくだったからということもあろうが、当時の早稲田大学で教えていた心理学はアメリカの心理学の引き写しであって、日本人が発想したものは見当たらなかった。ゼミでは、アメリカの心理学者のスキナーとかトールマンがこう言ったとかああ言ったとかが論じられていた。これは、心理の研究ではなく、アメリカの心理学の研究であって、いわば、心理学ではなく心理学学であった。

とくに早稲田大学心理学科は創設されたばかりで、早急に教員を寄せ集めたらしい。早稲田大学の教員はほかの学科でもほとんど母校の出身者であったが、それまで心理学科はなかったのだから、心理学科の教員には、いくらか心理学と関係がありそうな哲学とか生理学とかの学科を出た者がいたが、大学で心理学を学んだ者は一人もいなかった。そのためか、自分が教わったアメリカの心理学理論の紹介しかしない教授がいた。著書に関して駐日フランス大使館に剽窃《ひょうせつ》の疑いで呼び出された教授がいた。

現在の日本の心理学界の動向は知らないが、人間の心を理解するためには役立たないとしか思えない、ネズミを被験者とする実験やＴＡＴやロールシャッハなどの投影法テストの研究はまだ行われているのであろうか。

そういうわけで、わたしが教員に何の相談もせず指導も受けずに勝手に書いて提出した、精神分析をテーマとするわたしの論文に関しては、その優劣はさておき、それを審査し評価する教員がいなかったのだから、不合格になったのは当然であった。

ストラスブール大学を選んだのも、教えを受けたい教授がいたからではなかった。そして、ストラスブール大学に提出した論文に関しても事情は同じようなものであって、もちろん、大学には精神分析を専門にしている教授もいたが、どういうわけか、わたしが勝手に選んだ指導教授は精神分析など知らない人であった。わたしは自分の症状をどうにかしたいだけであって、学問としての精神分析を勉強する気はなかったから、誰でもよかったのであろう。

わたしは研究者になるには不適で場違いな家庭に育って、その延長で同じく場違いな大学の研究科と教員を選んで、しかもそのことに気づいていなかった。そういうわたしが、旧文部省に和光大学で「精神分析概論」を講義することを禁止されたのは、理由のないことではなかったであろう。旧文部省はわたしのことをよく調べて正しい判断を下したと言えるかもしれない。

わたしが日本の大学でもフランスの大学でも、わたしには適切でない学科や指導教員を何の考えもなくいい加減に選んだのは、そもそも先達から何かを学ぶということを知らなかったからではないかとも思われる。わたしが育った環境には、身に着けたいと思うような教養や学識がある人物は一人もいなかった。だから、人から何かを教わろうという発想がまったくなかった。そういうことが習い性となって、何かわからないことがあっても、人に尋ねようということを思いつきもしなかった。

そういう態度というか雰囲気というか、そういうことは暗々裡に人に伝わるもので、どの大学の教員もわたしに何かを教えてやろうという気にならなかったのであろう。そのため、わたしは取り返しのつかない大損をしてきていて、気がつかないだけなのではないかと思うが、いまさらどうしようもない。

青春時代には神経症の症状に苦しめられていたのに、同じ理由でカウンセラーとか精神科医とか誰かに相談しようとはからきし思いつきもせず、自分一人でグズグズ・クヨクヨ・ウジウジ悩んでいただけだったため、いたずらに症状が長引いたのではないか。研究者としてのわたしの重大な欠陥もここに起点があるのではないか。

しかし、人に質問しない、相談しないという習癖の原因は、育った環境に教養や学識がある人がいなかったということより、もっと深いところにあるとも考えられる。母のわたしに対する態度・言動についてときおりいろいろ疑問が心に浮かんできたが、嚙《か》み殺していた。それはなぜかと母に尋ねたことがなかった。なぜわたしが嫌がっているのに、家業を継がせようとするのか、なぜ劇場がそんなに大事なのか、わたしのことを何だと思っているのか、わたしが一度しかない人生で他のことをやりたいかもしれないと思ったことはないのか、わたしという人間が何か他のことに向いているのではないかと思ったことはないのかなどと尋ねたことがなかった。尋ねても答えが得られるとは思えなかったからであろう。無視されるか拒否されると恐れたからであろう。母を不機嫌にするのではないかと恐れたからであろう。というより、もしひょっとして真実の答えが出てきたら、母との関係が破綻するのではないかと恐れていたのではないか。そういうことを恐れていたということは、わたしが母の愛情を基本的に信じていなかったということである。これが、後年、人にものを尋ねないわたしの習癖の本当の原因かもしれない。今でもそういう母との関係が尾を引いて、何でもない軽い疑問でも人に尋ねると、多大の迷惑をかけることになり、怒らせてしまうのではないかという気がするのである。

それはさておき、精神分析にかかわるこのような経歴または経歴の欠如を知ってか知らずにか、わたしが唯幻論と称する理論に基づいて日本や世界の歴史やそのほかさまざまな社会現象について、そしてわたし自身の病的症状について展開した説明に関して、それが果たして信用できるのか、わたしの説はトンデモ説ではないかと疑う人、わたしの説が癪《しゃく》に触る人が少なからずいるらしい。

ある会合で会った有名な評論家（米原万理《まり》氏）に「あなた、本当に自分ではそう思って、あのようなことを書いているのか」と面と向かって詰問されたことがある。これはまさに侮辱的詰問ではないかと思うが、わたしが人をからかっているとか、ふざけているとか、思ったのであろうか。また、以前どこかに書いたことがあるが、大学の研究室にわざわざやってきて、『ものぐさ精神分析』を投げつけ、「こんないい加減なことしか書いていない本を読んで大損した。本代を返せ」と怒鳴ったどこかの大学生や、我が家に二度ほど電話を掛けてきて妻が出ると「これからお宅を爆破するので、奥さんには恨みがないから、逃げてください」と忠告してくれた心やさしい親切な身元不明の人のように、どういうわけかは知らないが、わたしの説が気に喰わない人も間違いなく存在している。

唯幻論が気に喰わない人の理由の一つは、確固として存在している現実の中に確固とした自分が間違いなく存在していると信じることによって、世界における基本的安定感を得ているからではないか、その基本的安定感をすべては幻想であるとする唯幻論が揺るがすからではないかと思われる。

しかし、わたしは現実が確固として存在しているとは信じていないからといって不安定ではないこと、わたしが決してふざけていないこと、本当に自分が思っていることしか書いていないこと、これらのことをいろいろな問題にわたしがどう取り組んできたかを語ることによって理解してもらい、わたしの説が信用できるかどうか判断してもらいたいと思っている。

借りていないお金を返さねばならない、という強迫観念

わたしの問題に返ると、中学生の頃から、人格障害というか神経症というか変な症状に襲われたが、そのいちばん厄介な症状が強迫神経症であった。その頃、ふるさとの田舎町の近辺には、精神病者を閉じ込めておく脳病院のようなものはあったかもしれないが、精神病とは言えない人格障害とか神経症とか異常行動とか不適応行動とかを扱うカウンセリングセンター、精神神経科とか心療内科とかがある精神病院または一般病院、精神分析療法を施行している診療所のようなものはなかったし、そもそもわたしには変な症状を人に相談しようという発想がなかったので、どうすればいいか困り果てていた。そういうとき、たまたま古本屋で、わたしと同じような症例が出ているフロイトの本を見つけて精神分析にのめり込んだことについては、これまであちこちで語ったことがある。

それ以来、フロイト理論を自分の症状に当てはめて何とか理解し治そうと四苦八苦して過ごしたが、あるとき、それまではそうとしか考えられない当然なことと信じて毫《ごう》も疑わなかったことをひっくり返すことで道が開けてくることを発見した。これは、ごく当たり前のことかもしれないが、わたしとしては、革命的発見であった。

たとえば、はじめ、強迫観念は、脳組織か神経系の何らかの生理学的病変に起因する、うる

さく纏《まと》わりついてくるが無視するしかない根も葉もない馬鹿げた観念であると思い込んでいて、それがいかに馬鹿げているか、どれほど現実に反するひどい間違いであるかを論理的に証明して必死に抑えつけようとしていた。そのように抑えつけようとしても、強迫観念は消えてくれるどころか、ますます執拗《しつよう》に強く迫ってくるのであった。

あるとき、その思い込みをひっくり返してみた。実は強迫観念は正しいのであって、逆に意識的には絶対に正しいと決め込んでいたものの見方、世界認識こそが実は間違っているのではないかと考えてみた。

それは不安な操作であったが、それに耐えて続けてみると、強迫観念は、回りくどい間接的・象徴的・隠喩《いんゆ》的な表現経路を辿《たど》っているからわかりにくいだけで、その表現経路を逆に辿り返して起源を探り当ててみれば、意識的なものの見方が間違っていることを無意識の底からしつこく指摘してくれている貴重な警告なのではないかということがわかってきた。その警告が警告であることを理解し、意識的に自我に組み込み、自我の一部とすれば、言い換えれば自我の構造を変革すれば、強迫観念は強迫観念ではなくなり、自由に取捨選択することができる普通の柔軟な観念になるのであった。

たとえば、すでにどこかで話したことがあるが、実際にはお金を借りていない友人にお金を借りており、返さねばならないという変な強迫観念があった。強迫観念は精神病者の妄想とは違っていて、現実には友人にお金を借りていないことはちゃんと知っているのである。どうしてこんな馬鹿げた観念があるのか不可解で、友人にお金なんか借りていないと何度も自分に言い聞かせて必死に抑えつけようとしたが、抑えつけようとすればするほど強迫観念はますます強く迫ってくるのであった。

この場合、強迫観念に抵抗するのをやめ、「押してもダメなら引いてみな」というわけで、これは正しいのだ、何らかの根拠があるはずだと見なし、その根拠を懸命に探すことにした。すると、母は恩着せがましい人で、わたしにしつこく恩返しを求めているということが見えてきた。わたしは、母に返さねばならない重苦しい大恩、そのためには自分を捨てて生涯を母のために犠牲にしてもまだ返しきれないような大恩を負わされていることになっていた。そして母に繰り返し強調されたためか、それは疑うべからざる真実であると思い込んでいた。それが耐え難い重圧であったからだと思われるが、わたしはそれを否認して無意識へと抑圧したのであろう。そうすると、母に対して負っている重苦しい大恩は、無意識的操作によって、簡単に返すことができる友人への少額の借金にすり替えられて、強迫観念として意識に浮かび上がってきたのであろう。これがわたしの解釈したところの神経症的症状のメカニズムである。無意識というものは、いかにも姑息な狡《ずる》い操作をするものである。

もちろん、そのような症状形成は、一時の気休めにしかならない。何とかごまかして友人に借金を返しても（友人はわたしにお金を貸した覚えはないので怪訝《けげん》な顔をするが何とかこじつけて受け取ってもらう）、しばらくするとまた、友人に借金しているという強迫観念はぶり返してくる（余計なことだが、フロイトはこの防衛機制を"Verschiebung"と呼んでおり、「移動」「置き換え」「転位」などと訳されているが、「すり替え」と訳すほうが適切な場合もあるのではないかと思う）。

この強迫観念を真に解消するためには、まず、それは馬鹿げたものではなく、それなりの正当な根拠があることを認めることが第一歩である。

母に大恩を負っているとの重苦しい観念から眼を逸《そ》らして無意識へと抑圧したために、その観念は無意識の中でなおさら強く生き続け、友人への借金にすり替えられ、強迫観念となったのだから、すり替えを元に戻し、母への大恩を明確に意識化し、その根拠を意識において批判的に検討する必要がある。すると、この強迫観念の起源は母がわたしを支配するために大恩を押しつけたことにあることが理解される。そこで、なぜ母はそのようなことをしたかが問題となり、わたしに尽くしてくれたやさしい献身的な母というイメージが崩れてきて、母への大恩の根拠が意識的に克服される。実際には母に大恩なんか負っていないことがわかってくる。それがわかると、この強迫観念は強迫的ではなくなり、解消されるのである。もちろん、そのように説明すれば、簡単なことのようであるが、それまでの母のイメージが崩れるのは非常に不安なことであって、強い抵抗がある。

受験勉強をしてはならない、という強迫観念

このような込み入った回りくどい強迫症状が発生したのは、母がわたしに押しつけようとした大恩があまりにも重苦しく、それから逃れようと必死に悪あがきをしたからであろう。実際、その頃、わたしは、自分の身体は母から与えられた食べ物を消化吸収してできあがっているのだから、母が勝手に煮て喰おうが焼いて喰おうが自由な母の所有物であって、わたし自身のものではないという恐ろしい妄念に囚われて日々を過ごしていて、身体を構成している細胞は何ヶ月かで全部入れ替わるとのことなので、早く自活できるようになり、自分が稼いだお金で買った食べ物だけを食べて暮らせるようになりたいと大まじめに思い続けていた。母がこのような恐ろしい妄念を植えつけようとしてわたしに直接言い聞かせたという記憶はない。母が押しつけようとしていた大恩を何とか納得しようとして、わたし自身が考え出したのであろう。考え出してみると、それがあまりにも恐ろしかったので、それを抑圧しようとして友人への容易に返せる額の借金の強迫観念にすり替えられたのであろう。わたしは恐ろしい人に育てられていたのである。もちろん、母は自分を恐ろしい人だとは思っていなかったが……。

強迫観念の例をもう一つあげると、高校時代に非常に困ったのが、受験勉強をしてはならないという強迫観念があった。大学受験を控えているときに、この強迫観念はまったく馬鹿げて

いて、なぜ受験勉強をしてはならないのか、どう考えても納得できないので強行しようとするが胸が苦しくなって、結局、受験勉強は断念せざるを得なかった。

なぜこのような強迫観念が発生したかがわかってきたのは、ずっと後のことである。要するに、受験勉強をすることは母の意向に背くことだったからであった。そのことが抑圧されていたために、強迫観念という歪《ゆが》んだ形で意識へと出てきたのである。

なぜ抑圧されたのか。それは、次のような事実を意識すれば恐ろしいことになるからである。すなわち、わたしが受験勉強をするのを母が好まなかったのは、わたしを母の目的のために役立つ使用人にするには大学へゆかせることは無用だと思っていたからであろう。ということは母はわたしを利用しようとしているだけで、人間として愛していなかったからである、と。

当時、この強迫観念を解消するためには、わたしは以上のことを認識し、母への依存関係を断ち、情緒的に母を見捨てなければならなかった。それができなかったわたしは、この強迫観念に支配されたままになっているほかはなかった。

母はわたしを大学へ行かせず、ただちに劇場で働かせようとしており、わたしは母に反抗して大学へ行こうとしており、そのように母とわたしがともに明確に対立を意識していて、そこに抑圧がなかったなら、母とわたしはあからさまに喧嘩したかもしれないが、強迫観念は発生しなかったであろう。母はホンネではわたしを大学へ行かせたくなかったが、そのことを否認して意識的には世間並みにわたしを大学へ行かせなければならないと思っており、わたしも母のホンネを直観的には感じながら意識的には母はわたしが大学へ行くことを望んでいると信じており、母とわたしのこの共同の自己欺瞞《ぎまん》が受験勉強の強迫的禁止という歪んだ変な症状に表れたのである。

要するに、強迫症状がどれほど込み入っていても、症状形成の原理はまったく単純明快であって、精神障害とか病的症状とかは好ましくない現実を抑圧し否認し、好都合な虚偽を信じる自己欺瞞に陥っていることに起因するのであった。したがって、自己欺瞞をやめれば確実に症状は解消するのである。しかし、そう言うのは簡単であるが、自己欺瞞には自分の心理的安定、自我を支えている自負、一部の周りの人たちとの親密な安定した関係、自分にとっての世界の秩序がかかっているのであり、簡単に廃絶することはできない。

フロイトはどこかで、人生は精神を病むか、それとも、好ましくない現実を直視するかの二者択一だと言っていたような気がするが、まさにその通りであると思う。わたしがつけ加えれば、自己欺瞞という病原菌が内側に作用すると人格障害になり、外側に作用すると他の人々との関係がうまくゆかなくなり、他の人々に嫌われ、社会的不適応になる。自己欺瞞とは、要するに、身から出た錆《さび》を他人に尻拭いさせようとすることである。したがって、自己欺瞞に基づくものの見方・考え方は、ほとんどの他の人たちに承認されないし、敵意と嘲笑《ちょうしょう》を買うのは当然である。

強迫観念の構造は、権威と権力を恣《ほしいまま》にしている独裁者がおのれの支配を正当化するために民衆の当然な不満や反抗を「正しい」秩序を乱す一部の愚か者、跳ね上がり者の無意味な馬鹿げた振る舞いだとして弾圧する政治構造とまったく同じである。独裁者が弾圧すればするほど、民衆の反抗は激しくなり、ついに爆発する。独裁者が追放され、民衆の不満を汲《く》み取って民衆が納得する形で解消する民主主義的革命政府が設立されるまで社会に蔓延《まんえん》する不穏な空気はおさまらない。

第三章

偽りの理想的母親像

愛情を注いだからと、子に同じことを求める親こそ悪質

中学生のとき、強迫神経症になったのは一例に過ぎず、そのほかいろいろな変な症状に襲われたが、そのことについてはまたあとで述べるとして、それ以前の幼い頃からも変な症状はたくさんあった。疑いなく、問題児であった。昔と今、田舎と都会では状況が違うが、今の都会でなら、確実に児童相談所または小児精神科に連れていかれたであろう。母は自分のことは棚に上げてわたしを育てるのにはほかの普通の子の二倍以上は手間がかかったとよくボヤいていたが、母が恩着せがましくそういうことを言いたがる人であったことは間違いないにせよ、いろいろ思い出してみると、実際にそうだったであろう。精神病がよく思春期に発病するように、わたしの場合は神経症が発病したのである。当時、それは困ったことではあったが、母のせいだとは母自身もわたしも思っていなかったようである。

実のところ、母を恨み始めたのは、神経症・人格障害のいろいろな困った症状に襲われてすぐのことではなく、フロイトの本を読んで、自分が愚かなことを繰り返すおかしな変な人間であることに気がついて、どうしてなのかと考えに考えて、どうも母との関係に原因があるらしいという気がしてからのことである。

母はどういう人であったかを考えてみると、なかなかわからなかったが、個人としてのわた

し自身には無関心で、わたしを言いなりになる便利な使用人に育て上げようとしていた身勝手なエゴイスト・虐待者ではなかったかとそのうちだんだんと気がついた。そのような母に受け容れられ適応しようとしたためか、わたしは卑屈で依存的で欺瞞《ぎまん》的な変な性格に育ってしまい、人間関係で失敗を繰り返し、人格障害のさまざまな症状を呈するに至ったと思われる。

しかし、母は、しばしば新聞記事になる世の虐待親のように、「しつけ」と称して暴力を振るうとか、飯を食べさせないとか、暗い部屋に閉じ込めるとか、寒空の下に放り出すとかなどの身体的・物理的虐待をしたことは一度もなく、叱ったことすらなく、逆に可愛がり過ぎるほど可愛がる甘い甘い親で、むしろわたしに気に入られようとしており、わたしの好意を失うことを恐れているかのようであった。何か頼むときは哀願するような態度であって、決して高圧的ではなかった。ただ、哀願するような態度が重圧の最たるものであった。

しかし、我が家は劇場を経営していたが、母は兄夫婦からわたしを貰《もら》い受けたそもそもの初めからわたしにこの家業を継がせると決め込んでいたようで、それ以外のことは初めからからきし念頭になかったようである。要するに、わたしを自分とは別の一個の人間とは思っておらず、自分の目的のために使用する道具としか見なしていないようであった。そして、そのことを当然のことと思っていたというか、別に何も気にしていないようであった。そういう人物に育てられていた幼いわたしは決して居心地がよくはなかったであろう。それがわたしを葛藤と苦しみへ追い込んだ。

これは、いわば、心理的虐待であって身体的・物理的虐待とは違った苦しみを子に与えるが、どちらの苦しみが大きいかは、種類が違うので、比較にならないかもしれない。しかし、わたしとしては、身体的・物理的虐待の場合は、殺されてしまえばそれまでだが、それはさておくとして、殺されないで育った場合、少なくとも親のことを自分を苦しめ傷つける加害者であると認識でき、親に対する態度・心構えを統一して対抗できるが、心理的虐待の場合は、他方ではやさしく世話され親に依存したりもしているので、親が保護者であるか加害者であるかがはっきりせず、気持ちとして無理にでも保護者と思いたいから、心に葛藤を抱え込むことになる。そのため、心理的には傷が大きく、人格障害・人格分裂を招く危険はより大きいのではないかと考えられる。

わたしの場合、母はわたしの存在そのものを求めているのではなく、わたし自身は愛されていないのではないかと、幼いわたしは不安だったのではないか。一般に、そういうことは子供心には何となくわかるのではないかと思われる。これは、子にとっては愛情が深いとか浅いとかということとはまた別の問題なのではないか。

親だって人間であって、親の愛には限界があり、太宰治ではないが、子より親自身のほうが大事なのは当然であろう。親は子に限界内の可能な愛情を注いでいればいいのであって、それ以上のことはできない。

自分は子に対して親として自己犠牲的に絶大な愛情を注いだということを根拠にして、子に同じことを求める親は子に愛情を注いでいるかのように見えるかもしれないが、そういう親こそ最も悪質であって、実は恐るべき虐待親ではなかろうか。子に対する愛情の限界を隠さないでおく親こそ本当に子を愛しているのではないか。子をそれほど深くは愛していないが、真実の愛情であるということがあり、子を猫可愛がりに非常に可愛がるが、偽りの愛情であるということがあるのではないか。どれほど献身的に尽くしても、どれほど可愛がっても、親の目的の価値を子自身の存在価値より優位に置く、言い換えれば、子に自我の放棄を強要し、子を親の目的のための単なる道具に貶《おとし》めるなら、問題が起こるのではないか。

親が親自身の人生計画に必要不可欠な要員の役割に子の同意を得ることなく子を勝手にあらかじめ嵌《は》め込んでおくのは、親としては当然のつもりであって、何の悪意も敵意もないかもしれないが、子が一度しかない人生を選び決定する自由と権利を子から奪うことであり、子を悲惨な状況に追い込む危険が大きいのではないか。これは、加害者は何とも思っていなくて、被害者を最大に傷つけ苦しめる典型的な例ではなかろうか。

献身的に尽くしてくれた母親に、献身的に尽くす

一般論として、親が親の仕事を子に継がせ、そのために役立つ人物に子を育てようとするとき、それが子に受け容れられるのはどういう場合であろうか。それは、親の仕事が子を不可欠

の一部に含む集団（家族、部落、部族、民族、国家など）の共同幻想の一環である場合である。この場合は、親はその仕事を自分一人の仕事とは思っていないであろう。それは先祖代々受け継いできたものであって、親はご先祖さまが守ってきたものを自分の代で潰《つぶ》すことはできないとの責任に身を挺《てい》しているのであって、そこに親の自我（エゴ）は入っていない。したがって、子が親の仕事を継いで同じことをしても親の自我（エゴ）に利用されたとか支配されたとか感じる余地がなく、何の抵抗もなく自ら進んでその仕事に励むことができるであろう。

個人が自分の自我に価値を置くのは昔からかもしれないし、近代になってからかもしれないが、親が自分の自我に価値を置いて、子の自我に価値を置かないという矛盾したことが始まったのは近代からではなかろうか。

親が親の仕事を子に継がせようとするとき、子に拒否されるのはどういう場合であろうか。それは、子に継がせようとする仕事が親子がともに所属する集団の共同幻想に沿うものではなく、親が子の自我を無視して親自身の自我（エゴ）のために、利己的な目的のために、自己実現のために始めたものである場合である。その場合は、親の意向に沿うことは、子の自我の放棄・喪失を意味するから、当然、子は継ぎたくないし、継ぐ気になれないし、継がないであろう。もし子が継ぐとすれば、親が、親自身の自我（エゴ）を尊重したのと同様に、子の自我（エゴ）をも尊重し、その仕事を継ぐか継がないかを子の自由意志に任せたときだけであろう。

親が子の人生に望むことと、子が親の期待や要求とは無関係に子自身の自発的判断に基づいて望む人生とが一致するというのは幸運な偶然の問題ではなく、親が子に何を望むかではなく、どのように望むかの問題、すなわち、親が子の立場に立って子のためを思っているかどうか、子の自我を尊重しているか排斥しているかの問題である。

母とわたしの問題に戻せば、母は劇場を維持し繁栄させることが母自身だけでなく、夫のためにも、夫の親族のためにも、母の実家のためにも、わたしのためにも役立つ必要不可欠なことであり、そうするしかないと信じていたと思われるが、しかし、母のその構想にはわたしの自我への配慮は欠落しており、わたしにはわたしをないがしろにした母の勝手な目的としか思えなかった。とにかく、母が、母の期待の重圧にわたしが苦しんでいるとはからきし思いもしなかったことは確かである。

いずれにせよ、わたしは母を責め恨んでいるが、そのことに関して疑問をもつ人が少なからずいて、即座の自然な反応として、だいたい次のようなことを言う。親が苦労して築き維持してきた家業を子に継がせたいと思うのは当たり前のことではないか、お母さんはおまえを育ててくれた大恩ある人ではないか、おまえを育てるためにいろいろ大変なこともあったであろう、将来、おまえが家業を継いでくれると思って過酷な仕事に耐えてきたのではないか。母はおまえだけが頼りなのではないか、母に虐待されたというのは誤解ではないか、被害妄想ではないか。そのようなかわいそうな母の期待を裏切っていいものか、身勝手過ぎるのではないか、と。

また、わたしは納得していないが、世間というものをよく知る横町のご隠居の助言として次のような考え方も有り得る。そもそもお母さんがおまえを兄から貰い受けたのは、おまえに劇場を継がせ、老後の世話をしてもらうためであり、そのためにおまえを育て養ったのだから、お母さんがおまえにそうすることを期待するのは当然ではないか、そして、おまえがその期待に応えるのも当然ではないか、おまえがそうしないと、お母さんのすべての努力はムダだったことになるではないか、そのようなひどいことをしていいのか、お母さんがおまえを育てなかったら、おまえはこの世にいなかったのだよ、と。

そして、わたしも、世の中にこの母ほどいい母親はいない、わたしのために身を犠牲にして献身的に尽くしてくれる理想的な母親であって、この人のために、当然の恩返しとしてそのうちわたしが身を犠牲にして献身的に尽くさねばならないと信じていた。繰り返しになるが、この理想的な母親像は心に深く根づいていて、逆の証拠が次々と挙がっても強硬に抵抗し執拗《しつよう》に居座り続けた。決定的な反証があって、いったん否定されても、何かのささいな口実を見つけて、すぐぶり返してくる。この母親像に大げさに言えば、幼いときからのわたしにとっての世界の安定、心の安定がかかっているのであった。それが崩れると、わたしは恐慌状態に陥るのであった。

しかし、この母親像は、母を見てわたしが自発的にそう考えて主体的・客観的にそう判断したわけではなく、母が何度もクドクドと言い聞かせてわたしの脳裡に植えつけたものであることがだんだんとわかってきた。わたしとしては、母がこの母親像をこれほど強く深くわたしの脳裡に植えつけたからこそ、事実はその逆だったのではないかと今では疑っているのである。わたしのために献身的に尽くしてくれたという母親像が真実であれば、母がそれをそれほど強調する必要はなかったはずだからである。

わたしの中にあった、卑屈さと傲慢さ

この理想的な母親像に執着している限り、人格障害の症状は治らないことがだんだんとわかってきた。たとえば、生殺与奪の権を握っている主君に臣下が従順なのは現実的・合理的である。しかるに、わたしは、悪く思われても別にどうということがない相手、好意をもたれても何ら有利なことはない相手、むしろわたしより弱い立場にある相手に対してでも（どれほど不当な要求をされても、いや、不当な要求にこそ）反射的に卑屈に迎合してしまう強迫的傾向があった。相手の不当な要求に盲従すればするほど、その埋め合わせに、あとから相手はその何倍もの恩恵をわたしに与えてくれるような気がするのである。そのつもりがなければ、相手はそのような不当な要求をするはずがないという気がするのである（そのような気がするだけで、もちろん、実際にそうなったことはないが、何度裏切られてもそう期待してしまうのである）。

とくに、相手が強引に傲慢《ごうまん》に図々しく当然のように何かを要求してくると、その要求の不当を考える間もなく自動的・反射的に従ってしまう。従わないと何か悪いことが起こるような

気がするのである。客観的に考えれば、相手が図々しい不当な要求をしてくるのは、わたしを軽く見て馬鹿にしているからであるが、わたしは絶対にそうとは気がつかない。また、これから親しくなりたいような人と初めて会ったとき、わたしは自分が相手にとって非常に役立つ人間であると見せかけようとする。そう見せかけないと、相手にすぐさま冷たく見捨てられるような気がするのである。誰でもそういう傾向はいくらかはあるかもしれないが、わたしの場合は、この傾向が過剰で強迫的なのである。

これらの傾向の起源は、母の図々しい不当な要求を不当な要求だと気づけば母との関係が破綻するのではないか、母との関係において、自分が母の目的に役立つ息子であることをつねづね示しておかないと捨てられるのではないかという幼いときからの不安ではなかったかと思われるが、いったん身につくとこういう卑屈な傾向は、いろいろ不利なことを招くことがわかってきたので、必死に消そうとするのだがなかなか消えない。反射的にそうしてしまうので、卑屈になるまいとあらかじめ意識的に固く決心していても防ぐことはできない。

このような卑屈な傾向の起源が母との関係にあり、そのため人間関係がうまくゆかないことはだんだんとわかってきたが、母に対するわたしのかつての卑屈さを、わたしを愛してくれ、わたしのために尽くしてくれる母の要求への当然の従順さであると正当化している限りは、要するに、偽りの理想的母親像に執着している限りは、人間関係一般における強迫的な卑屈さは直らなかった。

マゾヒストが同時にサディストであるように、卑屈さとは裏腹に傲慢さ、恩着せがましさもあった。母との関係において、傲慢で恩着せがましい母に対してわたしは卑屈だったわけであるが、子としてわたしは、そういう傲慢＝卑屈の人間関係パターンの両面をコピーしていたのである。

わたしは何か恩恵を施してやった相手、弱い相手（必ずしも現実にそうではなく、そうだと錯覚した相手）に対して恩着せがましく振る舞う傾向があった。これも卑屈さと同じく強迫的であって、やるまい、やるまいと思っていても、ついやってしまうのであった。まさにわたしは上司に媚《こ》びへつらい、部下に威張る小心な小役人のようにえげつないのであった。ただ、現実感覚が狂っているため、誰に媚びへつらえば有利か、誰に威張っても安全かの相手を選ぶ判断をしばしば取り違えるのである。世話になっている重要人物に平気で傲慢に威張って失礼な口を利いたりするし、何でもない人に何の必要もないのに大サービスしたりする。

そのほか、ときどきどうでもいいような人がした、どうでもいいようなささいなことが猛烈に癪《しゃく》に障るという奇妙な症状があった。これも強迫症状であって、その人はわたしに大して悪いことをしていないにもかかわらず、その人に意地悪な復讐《ふくしゅう》をするよう強く迫られ、しないでいると胸が苦しくなるほどなのであった。しかし、癪に障る理由というのがアホらしいほどつまらないささいなことなので、そのようなつまらないささいな理由でその人に意地悪するのはいくら何でもためらわれて実行できないから、悶々とするのであった。

なかなかわからなかったのだが、この奇妙な症状は、母はわたしのためを思い、わたしに尽くしてくれたやさしい人だから、これからはわたしが母に尽くさねばならないなどと思っているときに起こるのであった。母のことを非難していいのだ、憎んでいいのだと思っているときには、この症状は起こらないのであった。そのことから、どうでもいいような人に対する謂《いわ》れのないこの激しい怒りは、母に対する抑圧された怒りが転移したものではないかと推測されるのである。

こうした強迫的傾向を直すためには、意識的にどれほど固い決心をしても無効であった。そのためには、母はわたしを言いなりになる便利な使用人に育てようとしていた身勝手なエゴイストであって、母の不当な要求に従う必要はなかったということを、単に意識的にだけでなく、全人格的に心の底から認識し納得しなければならなかった。

すなわち、人格とはすべての部分が相互に論理的に関連し、全体と繋《つな》がっている一つの統一的な有機的構造であるから、ある好ましくない現実を、たとえそのごく一部でも否認すると、否認の習癖が波及し拡散して、その特定の現実だけでなく、現実一般が見えなくなるのである。世界認識全体がおかしくなるのである。ある一点が腐敗していると、それが伝染して全体が腐敗するのである。

あとで取りあげるが、それは、日本軍のある部隊のある地域でのささいな負け戦さでも否認し隠蔽《いんぺい》すると、日本軍全体の現実認識、ひいては戦略を狂わせることになるのと同じである。

要するに、人格におかしな点が一つでもあれば、その根源を無意識からえぐり出し意識の領域に引きずり出して野晒《のざら》しにして、そのおかしな点はなぜおかしいのか、全体構造の中でそのおかしな点がどういう根拠でどういう位置を占めているか、それはどういう必要性・必然性があって発生し存在しているかを把握し克服して、根こそぎに除去するのでない限り、言い換えれば、わたしを愛してくれているという虚構の理想的母親像を全面的に放棄しない限り、母に由来する人格障害、すなわち、強迫的傲慢さ・卑屈さ・謂れのない怒りは続くのであった。

無理に自分は幸福だと思おうとしていた

一般的には、自分の性格の変な点に気づいて、それを直そうとすればそれほど困難なく直せるのではないかと思うが、それはその変な点の起源と構造が抑圧されていない場合であって、わたしの場合、このような徹底的な操作が必要だったのは、心のよほど深いところに至るまで強く植えつけられ、抑圧されていたからであろう。わたしの人格は歪みに歪んでおり、歪んださまざまな点は相互に繋がっていたので、それらの点を一つ一つほぐしてゆくのは大変な手間がかかった。

けだし、わたしがそういうことをある程度、自覚し納得できるようになったのは、ひと昔前で言えば、平均寿命が過ぎた頃、現在で言えば後期高齢者になった頃であった。したがって、思い過ごしかもしれないが、平均寿命が長くはなかった昔は、変な親に育てられ、変な人間になった者の多くは、そのことに気づかず無意味に人を傷つけ自分も楽しくない人生を送り、それが改まらないうちに死んでしまったのではないかと思われる。

しかし、昔は人々はそれほど長生きせず、個人主義も強くなかったので、親が子に利己的な期待をかけて育てるということが少なくて、変な親に育てられて変な子ができるということも少なかったかもしれない。

どうも母は自分のことだけが大事で、わたしのためを思ってくれてはいないのではないかと疑い始めたのには、ほかにもいろいろ理由がある。わたしは母に（そして父にも）可愛がられたし、わがままを許されていたし、オモチャはたくさん買ってもらっていたし、物質的には裕福に育てられたし、幼いときからわりと恵まれた幸せな生活を送ってきたと思っていた。とくに実家で実父母のもとで育てられたとした場合よりははるかにましだと思っていた。

だが、厄介ないろいろな症状から解放されたくて、その起源を過去に探す過程で、母のもとでの幼いときから今に至るわたしの生活の歩みはそれまで思っていたほど幸せではなくて、いつも母の顔色を気にして怯《おび》えていて、疑問や不満をグッと呑み込んで言いたいことが言えず、母に対して自分を偽り続けていなければならず、むしろ、陰鬱《いんうつ》で惨めであったことが見えてきた。

母との関係が揺らぐのを恐れてか、そのことを否認して、無理に自分は幸福だと思おうとしているところがあった。幸不幸は主観が正しいとは限らなくて、本人が自分は幸福だと思っていても実は不幸な場合もあり得るのではないか。

実際には不幸であるのにもかかわらず、不幸であることに気がつけば、不幸の原因が見えてきて、その原因を取り除こうとすれば、現在の一応は安定した人間関係を崩しかねないので、あえてわざわざ自分は幸福だと思い込んでいるということが有り得るのではないか。

現在でもわたしは、どういうわけか、いつも焦っていて、今、無意味で無駄なことをしているのではないか、とんでもない間違ったことをしているのではないか、ほかに急いでやらねばならない重要なことがあるのだが、それが何なのかわからないので、時間が空しく過ぎていっているのではないか、といった感覚があって、今ここの場面から逃げ出したい気分につねに囚われているが、人間とはそういうものだと思い込んでいたというか、それがとくにおかしなことだとは気づかなかった。しかし、他の人たちはそうでもないらしいと気づいてみると、この気分は母との関係における幼いときからのわたしの気分が固定したものではないかと考えられた。

さきに説明した借金の強迫観念のほかにもいろいろ変な強迫観念・強迫行為があったが、いずれにせよ、これらの症状は母のもとにいることが重苦しい圧迫であり、母の言う通りにしていると自分が底なしの虚無へと落ちてゆくのではないかとの恐怖があり、わたしが必死に逃げ出そうとしていたことを示している。

しかし、親が子に家業を継ぐことを期待することが子にとって必ずしも重苦しい圧迫となるとは限らないであろう。親の期待に沿って喜んで自発的に家業を継ぎ、親を喜ばせ、自分も幸せに暮らす子もたくさんいるであろう。そういう親子関係と、母とわたしの関係はどこがどう違うのか。

江戸時代においては、ほとんどの場合、何の疑問も抱かずに武士の子は武士、豆腐屋の子は豆腐屋、百姓の子は百姓になったであろう。社会的条件によってそうせざるを得なかったから、ほかに生きる道がなかったからということが第一の理由であろうが、そこに無理がなく、親も子もそういうものだと思っていて抵抗なくごく自然にそうなっていたであろう。

母とわたしの関係においては、この社会的条件は、依然としてまだ失われていたわけではなかったと思うが、戦後民主主義ということもあり、決定的ではなかった。そして、わたしが母の実子ではなかったことも一因だったかもしれないが、母は、江戸時代の親と違って、子のわたしが家業を継がないのではないかという不安を抱いていたらしい。そういう不安を抱いていたということは、基本的にわたしに自由を認めていなかったからである。この不安が悪循環を起こしたと思われる。不安だったものだから、母は、あとから思い出すと、幼い頃からわたしに不自然なほどしつこく家業を継ぐことをほのめかす話を繰り返した。そのため、わたしは何か強いられているように感じたのであろう、中学生の頃からだと思うが、家業を継ぐことを嫌がり始め、母にそのことをほのめかされると、何だか暗い気持ちになるのであった。それを感じて不安になった母はますますわたしに強要し、それに反発してますますわたしは嫌がった。

なぜ母がこれほど強硬にわたしに家業を継がせようとしたか。そのときではなく、ずっとあとになって気がついたのだが、それには、それなりの追い詰められた悲しい事情があったらしい。母には子がなかったが、それは母のせいだとされていた（医学的に検査したわけではなく、当時は夫婦のあいだに子がないと、一方的に妻のせいにされたらしい）。母は、自分は子を産まず、しかも、夫の親族からではなく、自分の親族の兄の子を養子にしたので、引け目があり、その子が家業を継がないで勝手な道へと進んだのでは、夫と夫の親族に対して立場がなかった、または面子が保てなかったのではないかと思われる。

そのほか、母の兄（わたしの実父）が、ぐうたらな男で、八百屋を経営していたのだが、兄の妻（わたしの実母）が早めに病死した不運もあってうまくゆかず、六人の子供（そのうちの次男がわたしであった）を抱えていささか経済的にも苦しかったらしく、母が実家をいくらか経済的に援助していたようで、そのことも夫に対する母の引け目になっていたのではなかったかと思われる。また、現代と違って、父（夫）は初婚であったが、自分はバツイチであったことも引け目の一つだったかもしれない。母は、どういうわけか知らないが、まず近くの村の農家に嫁ぎ、配偶者が気にいらなかったのか農業が肌に合わなかったのか、すぐ逃げ出したそうである。

母殺し、祖母殺しの事件が問いかけること

そのほか、人生の出発点にあって（生まれてきて）何も知らず何もできないわが子を自分が構想した形の人物へと育て上げ、彼の一生を決定し支配することほど、支配欲が強い人間（親）にとってえも言われぬ楽しい事業はないらしい。親がそういうことができるのは子に対してだけであって、他人にはまずできないであろう。もちろん、たいていの親はそのようなことはしないと思うが、もし、したくなったとすれば、人間がいちばん安易に容易に、そして成功率が高く抵抗されることなく支配することができ、いじめることができるのは自分の子である。子は全面的に無力であって、親に完全に依存しているからである。子は親に盲信盲従する以外に生きるすべがない。そういう親にとっては、子はどうにでも好きな形にこね上げることができる粘土のようなものに見えるらしい。

母がわたしを材料にしてそのような支配をもくろんだとも考えられないでもない。母がそのようにわたしを支配しようとしたとは思いたくないが、どうもそうとしか考えられない。そのやり方がわたしを生涯消しがたい人格障害へと追い込んだ。

中学生の息子の学校の成績に基準を設け、試験で息子がその基準を下回る点を取ると小遣いを与えないという教育方針を実行していた母親が息子に殺されるという事件があった。彼女は

息子がいい成績をあげ、いい大学に入って、将来、出世することを望んで息子のためだと思ってそうしていたのであろうが、息子には彼女は小遣いを餌《えさ》に自分を支配しようとする暴君のように見えたのであろう。彼は支配される屈辱を撥《は》ねのけ、自我の主体性を回復するためには母親を殺すしかなかったのであろう。この場合、母親は息子のためを思う愛情深い人だったのに息子が誤解したのであろうか、それとも、母親は息子を自由に操っていやらしい支配欲を満足しようとする自己中心的で意地悪な女であって、息子が彼女を殺さざるを得なかったのは同情の余地があるとすべきなのであろうか。

祖母が猫可愛がりに可愛がっていた孫に殺されるという事件もあった。祖母を殺してすぐ、孫は我が家の近くの経堂のビルの屋上から飛び下り自殺をした。孫はある有名な一流高校の生徒で、父親は仏和辞典の編纂《へんさん》もしている有名な仏文学者の大学教授だったので、この事件はマスコミを騒がせ、ある雑誌（『週刊文春』）の編集者がわたしのところに取材にきた。わたしが祖母について「殺されるのは当然だ」と答えたら、編集者は驚いて「殺されるのは当然だ」というのは穏当でないと反対したので、わたしは妥協して雑誌に掲載された記事では「殺される理由がないことはない」にトーンダウンすることを承諾した。

わたしはこの取材の前に公表されていた孫の手記を読んでいて、「このクソばばあに一生いいようにされる」というような恨み言があったので、ついこの孫に思い入れをして過激なことを言ってしまったのであった。当時、わたしはまだ自分が母に支配されているとはそれほど自覚していなかったが、このことは、殺すほど祖母の支配を恨んでいたこの孫と同じような恨みをわたしが母の支配に抱いていたことを示している。母の支配への恨みは抑圧されて無意識へと追いやられていたが、わたしが意識的に気づく前に、それはこの事件に投影されたのであった。本人の無意識は、本人が自覚する前に、本人には関係がない事件を本人がどう見るかということを介して回り道をして露呈するのである。

この場合、祖母は本当に孫を愛していていろいろ世話を焼いていただけなのに（祖母は毎晩、孫が眠っている寝室に現れて、布団の乱れを直したりしていたそうである）、孫がそれをうるさがり、支配しようとしていると誤解して祖母を憎んで殺したのかもしれないという解釈が成り立つかもしれないが、しかし、十代の少年がそのような誤解で祖母を殺して自殺するほど追い詰められるであろうか。祖母はおのれの寂しさをまぎらわすため少年を愛玩物《あいがんぶつ》にして弄《もてあそ》んでいたのではないか。少年は、祖母が生きている限りは自分がこの世に自分として存在できる可能性はないと絶望して祖母を殺したのであろう。祖母を殺してしまって、その罪の重さにおののいて自殺したのであろう。それにしても、彼の両親は祖母（母の母）のもとで息も絶え絶えになっていた孫（息子）に気がつかなかったのであろうか。この母も祖母（母の母）に心理的に縛りつけられていて息子（孫）が同じ目に遭っていることが見えなかったのであろうか。

わたしを一種の性格破綻者に追い込んだのは何か

ところでさっきも言ったように、母は、幼い頃からわたしに次のようなことを繰り返し繰り返し言って聞かせた。この立派な劇場は人も羨《うらや》む大きな財産だ（母は現金収入のない農家の生まれなのでそう思っていたらしいが、わたしにはそうは思えなかった）、日銭が入り、貸し倒れがない、こんなうまい商売はめったにない、こういう劇場を経営したいと憧れる人は世の中にいっぱいいる、これを残してやろうというのに、何が不満なのか、母はこの劇場さえあれば、頼りないわたしでも一生楽に生活できると思って、ひとえにわたしのため苦労に苦労を重ねてこの劇場を維持してきた、この劇場の経営は大変で、毎日が辛くて死にたい思いだった。それでも耐えてきたのは、いつかそのうち、わたしが劇場の経営を引き受け、親孝行をしてくれる日がくるのを楽しみにしてのことである、この劇場に母は生涯を賭けてきたので、わたしが継がないと、母は何のために生きてきたのかということになる、と。

母はわたしに劇場を継がせようとして劇場の経営は楽で有利な仕事であると言い、そして、母の恩を強調しようとしてそれは苦労の多い大変な仕事だったと言い、矛盾していたが、わたしがそれに気がついたのはずっとあとのことであった。

しかし、母が苦労した話は大げさな嘘ではなく、火災保険をかけていないうちに新築の劇場が火事になり（放火された疑いがあったそうである）、再建のために多大の借金を負ったとか、夫（父）がぐうたら男だったので、もっぱら母ががんばらなければならなかったとかのことがあったようである。母が猛烈な働き者であったことは疑いない。わたしは母が働いている姿しか見たことはない。母は、ある日突然、くも膜下出血で急死したが、過労が一因ではなかったかと思われる。今思うと、経済的余裕はあったと思われるので、そんなに働かないで何かの趣味をもつとか旅行に行くとかしてもっと遊んで人生を楽しめばよかったのにという気がするが、世間の眼を気にしたのか、母は働いていないと不安で落ち着かなかったようであった。

要するに、母は多大の自己犠牲をしてわたしに絶大な恩恵を与えたのだから、当然の恩返しとして、わたしは劇場を継ぐべき義務がある、わたしがそうしないと母を絶望的な不幸に追いやることになるという観念をわたしに強く植えつけたのであった。そのほか、何度も繰り返すが、わたしがその通り従ったならば、母にとって最高に便利な性格の人物になってしまうような観念を無数にわたしに植えつけていた。

わたしが母が望んだような一貫して母に忠実で便利な性格にはならず、一種の性格破綻者、とんでもないむちゃくちゃな性格になったのは、それらの観念に対して服従と反抗のあいだに引き裂かれて混乱していたからではないかと考えられる。

いずれにせよ、劇場を残してやることがわたしへの絶大な恩恵であると見なしているということは、母がわたしを、世間に出て自力で生きてゆくことができない無能な人だと思っているということで、そのような母のもとにわたしの居場所はなかったのである。

母が嬉しそうな楽しそうな顔をしているのをほとんど見たことがなく、いつも辛そうな悲しそうな顔をしていた。よく「死にたい、死にたい」と愚痴っていた。眠っているときだけが楽なときだとボヤいていた。初め、幼いわたしは母はよほど辛い日々を送っているのだろう、早く大きくなって母を助けなければならないと身の細る思いであったが、大きくなった今は、曲解かもしれず、あるいは、いくらか真実だったかもしれないが、それはわたしにうしろめたさを感じさせ、同情を引き、わたしを支配するための演技ではなかったか、そのようなことを母から聞かされた子がどのような心境に追い込まれるかを全然思いやりもしない冷酷無情な振る舞いではなかったかと疑っている。母が自分に有利でわたしに不利なものの見方・考え方をわたしに植えつけようとしていたことは否定できない。間違っているかもしれないが、当時、母がおかれていた状況を冷静に考えてみると、それほど悲惨な状況だったとは到底思えないからである。

大学教員をしていたとき、わたしのところにやってきて「ひどい夫に虐待され続け、離婚したかったが、がまんしたのは、おまえのためだ」と母親にしょっちゅう聞かされると嘆いていた沢という女子学生がいた。彼女は、嘆いてはいたものの、母親の言を疑ってはおらず、かわいそうな母親を助けてあげなければならないと思っていたようであった。今なら、彼女の母親は自分の不幸を娘のせいにして娘に負い目というか罪悪感を植えつけて、そこにつけ込んで娘を思い通りに支配しようとする卑劣な奴だから、そのような母親なんか切り捨てればいいのだと彼女に言って聞かせるであろうが、当時、わたしは母との関係において彼女と同じような目に遭っていたにもかかわらず、そのことをまだはっきりとは自覚していなかったためか、そのように助言することができず、母親に虐待されていた彼女を助けることができなかった。思い出すと、かえすがえすも悔いが残る。

いずれにせよ、わたしは母の不幸話にがんじがらめになり、溺《おぼ》れ死にしそうというか、底なしの空虚へと突き落とされそうな恐怖に囚われていた。その恐怖から逃れようとあがき続けたが、劇場を継がねばならないという観念は心に相当深く根を張っていたようで、わたしにだって一度しかない人生で選びたい道を選ぶ自由があるはずだと何度自分に言い聞かせても、心の底に居座る不動の母親像にただちに跳ね返されるのであった。

母の言動と態度を厳密に客観的に考察すれば、母はわたしを言いなりになる奴隷に仕立てあげようとしていたという極端な見方もできなくはないが、もちろん、母は、見たところ、コチコチの身勝手な冷酷無情のエゴイストでは全然なく、わたしをえらく可愛がってくれたことも事実であって、わたしとしては、前者は邪推で後者が本当の母だと信じたいのであった。

けだし、次のような見方もできないことはないかもしれない。母はわたしが家業を継ぐことを期待しただけで、世間の常識から言えば、そのようなことはありふれたことである。母は何もひどいことはしていない。夫のため、家族のため、親戚縁者のため、身を粉にして働いた、息子のわたしに関しても手間暇かけて普通よりいくらか贅沢《ぜいたく》な生活をさせ、わたしが望むままに最高学府を卒業させた。客観的には誰が見ても文句なく立派な親であった。親として最低限の義務を果たし、責任を負っている。しかし、不運にも当てが外れて、わたしが母を恨む不適応な人格障害者に育ったというのがその結果であった。母はそんなことは知らなかったが、もし知ったとしても、何が、どこがいけなかったのか見当がつかなかったであろう……と。

ほとんどの人間は、変な親から変な人格を受け継ぐ

母のどこがいけなかったのか。親というものは、自分の都合・希望・期待・目的・価値・信念・思想などをすべて打ち捨てて自己犠牲的に、ひたすら子のために子育てをしなければならないのであろうか。そうしないと、子はまともな人間に育たないのであろうか。しかし、そのようなことができる人間がいるわけがない。ほとんどが平凡人である親にそのような人間であることを要求する子がいるとすれば、あまりにも虫は良すぎるであろう。親はそのようなできもしないことをする必要はない。ただ、子の自我への配慮を怠りさえしなければいい。母は自分の自我の目的を重んじるあまり、わたしの自我は視野になかったようである。そのことがわたしを人格障害へと追い込んだ。

動物の子育てはひとえに種族保存のための純粋な行動であり、個体保存と矛盾しないが、人

間には自我がある以上、子育て行動に自我に発するエゴイズムの要素が全然含まれていないということはあり得ない。子育ては、楽しいときも多々あるであろうが、苦労の多い大変な仕事であり、子育てする動機にも親のエゴイズムの要素が多かれ少なかれ含まれているのは当然のことである。問題は、どのようなエゴイズムであるか、エゴイズムにどれほどの自制がかかっているか、子の自我や立場や心情や志望にどれほど配慮しているか、どれほど思いやりがあるかということではなかろうか。

しかし、子を愛して育てている親においても、この基準に適っていない者のほうが多いのではないかと思えるが、これはわたしの僻《ひが》みであろうか。読者のなかには、わたしの話を聞いていると、世の中にわたしの母ほどひどい母親はいないみたいではないか、本当にそのようなひどい母親が存在するのかと疑わしく思う者もいるのではないか。

ついでながら言えば、生物学では動物には個体保存本能と種族保存本能との二つの別な本能があるとされているが、わたしによれば、これは本能が壊れた人類に特有の現象であって、人類以外の動物においては両本能のあいだに矛盾・対立はない。というより、ひたすら個体保存をめざす本能とか、ひたすら種族保存をめざす本能とかがそれぞれ別個に存在しているわけではない。生物学者は、自分が人類なので、自己中心的に人類を基準にしていて、他の動物も人類と同じだと決めてかかり、他の動物のことは深く考えなかったのであろう。

海の中でのんびりと老後を過ごせばいいのに、わざわざ途中で人間や熊に捕まって喰《く》われる危険を冒し、流れに逆らい、さまざまな困難を乗り越えてふるさとの川上に登り、産卵と受精を果たして死ぬ鮭は、アメリカ軍の艦船に体当たりする特攻隊員と違って、種族保存のために個体保存本能を抑えつけ、あえて自己犠牲をしているわけではない。動物は母性本能なる特別の本能に基づいて子育てするわけではない。

ところが、人間は本能が壊れており、その埋め合わせに自我を築いたため、子育てにおいても、自分のためか子のためかの選択につねに晒《さら》されている。この選択に普遍妥当な基準はなく、しょっちゅう迷っている。千差万別の親がいる。人間の子育てがうまくゆかないのは宿命的であってどうしようもない。変な親猫に変な育て方をされて、変になった子猫はいないであろうが、人間に育てられる人類のメンバーに変な人たちが無数にいるのは不可避であると諦《あきら》めなければならないであろう。

理想的な人格者なんてめったにいないし、親だって人格のどこかに何らかの歪みや欠陥を抱えていることが多い。そういう親に育てられた子が多かれ少なかれ変な人間であるのは避けがたい。円満な親に育てられて円満な人物になる者もいるであろうが、ほとんどの人間は、変な親から変な人格を多かれ少なかれ不可避的に受け継ぐしかない。変な親を反面教師として、自覚的に把え直し克服し、自ら主体的に独自の立派な人格を構築する人たちもいるであろうが、しかしまた、変な親から受け継いだ変な人格があまりにも強固であって動かし難く、それに無抵抗に流されるまま生きてゆくしかなく、一生それに支配される人たちもいるであろう。彼らは極端な場合は精神病者か破廉恥な犯罪者になって自他を不幸にするか、あるいは、それほどひどくないときは、いささか傍《はた》迷惑で多かれ少なかれ不適応な変な人として生涯を送るであろう。

とんでもないひどい犯罪を犯した犯人の生育歴を調べてみると、あのような親にあのように育てられたのでは、あのようになったのは仕方がないと同情できるケースがある。そういう止むを得ない場合もいくらかはあるかもしれないが、多くの場合は、変な親に負けるか変な親を克服するか、そのいずれになるかを選択するのは子の責任である。子にどこか変なところがあると、「親の顔が見たい」とばかりに何でもかんでもすべて親のせいにするのは無責任の誹《そし》りを免れないであろう。変な子を育てたひどい親がさらに変なひどい親に育てられていたりするのである。このような悪影響の連鎖は、どこかの世代の者が断ち切らねばならないであろうが、それは容易なことではないであろう。

母は身勝手な父の被害者だったのかもしれない

母とわたしとの関係がうまくゆく可能性はあったであろうか。母がわたしにはわたしの人生があると認め、わたしが劇場を継ぐことを期待ないし要求しなかったら、うまくいったであろうが、さっきも言ったように、母側の事情でそれはできなかったであろうと思われる。また、当時の常識では親が子の人生に口を出すのは当たり前みたいなところがまだあった。あるいはもし、母がわたしの自由を認めなかったとしても、わたしが自分にもっと確信をもち、母の人生は母の人生、わたしの人生はわたしの人生だと割り切って母の要求や期待に支配されることなく、母をたしなめ納得させて、我が道を進んで行ったとしたら、うまくいったであろう。しかし、わたしにはそれほどの自信はなく、母をたしなめようとは思いもしなかったし、もしわたしがたしなめても母は納得しなかったであろう。人間をしていったん決め込んだことを変えさせるのは絶望的にむずかしいものである。子の忠告や助言で親が人生観・世界観を変えたなんて話はあまり聞いたことがない。稀《まれ》にはいるのであろうか。

次に、劇場経営という仕事は見方によっては面白いので、この仕事に興味を覚えて自ら進んで劇場を継いだかもしれないのだが、わたしが嫌がった主な理由は、母がわたしには自我がないかのようにわたしの思いを無視して、頭からそれを強いたことであったと思われる。したがって、母の要求に従うためにはわたしの自我を捨てなければならなかったからである。もし母が強いたりしていなかったら、わたしは母の期待に沿ったかもしれない。能力的・素質的・体質的にわたしが劇場経営に向いていなかったのか、それとも向いていたのかは、永遠にわからないが、もし向いていたとしても、母の期待には従えなかった。

もし内心の抵抗がなく自ら進んで劇場を継いでいれば、わたしは、何か得体のしれないもの書きなんかにはならず、劇場を経営して田舎で母（および父）と仲良く暮らしたかもしれない。

そのほうが父も母もわたしも幸せだったかもしれない。しかし、そのような幸福の可能性は現実にはなかった。

さんざん母の悪口を並べ立ててきたが、母がおかれていた状況を考慮し、母に同情するとすれば、母は何かの趣味を楽しむというようなゆとりはなく遊ぶことを知らず、不安にせかされて、いつも働き過ぎるほど働いていて、過労のために命を縮めたとしか思えないが、それは、さきに述べたような弱みを埋め合わすために追い詰められて身を粉にして必死に働かざるを得なかったからではなかったか。

悪く言えば、狡《ずる》くて無責任な父は母の弱みにつけ込んで母を働かせ、自分は気楽で安逸な怠惰生活を送っていたと言われても仕方がないであろう。父も母も亡くなってから、人に聞いたことであるが、かつて劇場の経営が思わしくなかったとき、父はもうやめようと弱気だったが、それでは世間に笑われる、劇場の経営をやめて一家の生計をどうやって立ててゆくのかと、母が叱咤《しった》激励して続けたそうである。父は、おれがやりたかったわけではない、あいつがやりたがったのだと、母のせいにして責任逃れをしていたのではないか。

母（実父の妹）のことしか語らないので不審に思われるかもしれないが、血のつながりがない父は、母とは無関係に、わたしに何かを要求して圧迫をかけるようなことはなく無償の愛を注いでくれた。矛盾しているようだが、寂しがり屋のくせに人付き合いが嫌いで、同業者の総会が高松市であると、一応は出席するのだが議事が終わったあと宴会になると、家に戻ってきて、一人で、煮干しを肴《さかな》に酒を飲んでいた。母とわたしの関係に口を出すことはなかった。いささか支配的な性格の母はあまり自分を主張しないそういう男を好んで夫に選んだのではないかと思われる。あるいは、母が支配的だったのは、父が頼りない男だったからかもしれない。

母が一人がんばって働いているあいだ、父はたいして重要ではない軽い仕事を手伝うぐらいで、たいていはぶらぶら遊んでいたが、暇で退屈したのか、盆栽が趣味で、ベランダにはたくさん松の盆栽があった。そのほかに動物を飼う趣味もあった。兎《うさぎ》やヌートリアを飼っていたことがあるが、世話は人任せであった。子供のとき、わたしは彼らの餌のタンポポやスイスイやセリやオオバコなどの野草を採りに鎌をもってよく郊外の野原に出かけた。

わたしが大学生だった頃、父が気紛れに飼ったセパードは悲惨であった。初めのうちは、調教師を雇って訓練したりしていたが、そのうち飽きて、セパードは力が強くて大変だったためか、餌やりは劇場の従業員だった母の姪（わたしの実姉）に任せ、散歩に連れてゆくのも怠った。セパードは狭い犬小屋に閉じ込めっ放しで、ついに皮膚病に罹《かか》り死んでしまったと、あとで聞いた。長いあいだ痒《かゆ》い痒いとどうにもできず、狭いところで身動きすらできず、苦しみながら死んだのではなかったかと思う。わたしは、大学が休みで田舎に帰っていたとき、セパードが犬小屋に閉じ込められているのを見たが、父が飼っている犬だと思っていたのか、わたしも父と同じく無責任で、散歩に連れて行こうと思えば連れて行くことはできたのに、連れて行ってやらなかった。

そういうことを聞かされると、父は冷酷無情で勝手な人と思うかもしれないが、賭博に嵌《は》まらず酒色に溺《おぼ》れず暴力を振るわず浪費もしない、まじめな男であった。親戚の人たちは、父のことを血の繋がっていない息子のわたしをよく可愛がるやさしい人だと感心していた。しかし、昔、一度だけ芸者とかと浮気したことがあって、怒った母は家出して紀伊の白浜温泉で住み込みの女中をしていて、父が迎えに行ったそうである。

しかし、わたしが知っているかぎりでは、父は無気力で商売不熱心、頼りない、気が弱くてお人好し、あまり自分というものがなくて、周りの人々に迷惑なことはしないおとなしい人であった。悪意はなく、積極的に悪いことはしないが、気がつかない、積極的な思いやりのない人だったのであろう。異なるところもあるが、性格的には多くの点でわたしと非常によく似ている。ただ、わたしと違うのは、背が高く見るからに恰幅《かっぷく》がいい人で、みんなに「大将」と呼ばれていた。

そういうイメージと合っているか合っていないかわからないが、父は意外な技術を持っていて驚いたことがある。敗戦直後でものがなかった頃、父は廃品を集めてきて電気蓄音機をつくったことがあった。レコード盤をのせるとちゃんと音楽が聞こえた。わたしが、劇場なんかやってないで電気製品の店でもやればよかったのではないかと言うと、そんな気はないと答えたような記憶がある。

要するに、父は決断力を欠き、責任というものを引き受けようとしない、だらしのない男で、母がわたしに劇場を継がせようとし、わたしが嫌がって、二人が対立しているのを横目で見ながら、母に息子があれほど嫌がっているのだから諦めたらどうかとも言わず、わたしにお母さんがあれほど頼んでいるのだから聞いてあげたらどうかとも言わず、自分にかかわりがないような顔をしていた。しかし、気が弱い父は強気の母に表立っては反対しなかったけれども、わたしのことをいささか気の毒に思っていたのか、わたしが劇場を継ぐことに内心ではあまり賛成ではなかったようである。母が亡くなって、わたしが田舎に帰り、劇場の経営を引き受けると、わたしにすべてを任せ、一年後、わたしがやはり劇場の経営はやりたくないと放棄して東京に戻り、大学院に行くと、むしろ喜んで何も文句は言わず、そのまま自由にさせてくれ、学費を送ってくれた。

しかし、母の立場から見れば、父がそのような頼りない男だったため、母は誰にも相談できず、一人で劇場の経営に心を砕かざるを得ず、孤独で不安な生活を強いられ、息子のわたしに縋《すが》りつくことになり、その重圧がわたしを人格障害に追い込んだと言えるかもしれない。

もし父が男らしい男（差別語かもしれないが）で劇場の経営の責任を引き受け、母に押しつけたりしていなかったなら、あるいは、夫婦二人で対等に協力して経営してゆこうという男であったとすれば、母は、わたしを頼りにして縋りつくことはなかったかもしれない。考えてみれば、確かに母はわたしの直接の加害者ではあったが、真の加害者は、わたしにはやさしくて気が弱かった父であったと言えないこともない。そして、わたしは気がつかなかったが、観点を変えれば、母は身勝手な父の被害者であったと言えないでもない。

しかし、自分のことや昔のこと、世間話など、とりとめもないことを父が楽しそうにいろいろ詳しく話してくれたことはあるが、母が話してくれたことはない。そういうことが普通のことかどうかは知らないが、眠る前に母が子守歌やおとぎ話を聞かせてくれた記憶は全然ない。母がわたしに個人的な話をしたことはない。自分が幼いときをどのように過ごしたか、どのように感じ考えてどういう人生を送ってきたかについて何も聞かされたことはない。何かについて感想や意見を聞いたこともない。母については何も知らない。母はわたしのことを知ろうとしなかった。わたしが何が好きか、どういうことをしたいかなどを聞いたことはなかった。わたしという人間に無関心だったらしい。わたしは幼い頃、暗算が得意で（この能力は小学生の頃には消滅していた）、父は喜んで人に自慢したりしていたが、母は無関心であった。わたしの人格障害がある限度内に収まったのは父のおかげだったかもしれない。

母よりは父のほうが個人としてのわたしに関心があったようである。わたしの「秀」という名前は父がつけたそうである。父の軍隊時代の親しかった友達（戦争には行かなかったので戦友ではないが）の名前を借りたそうである。わたしが父と離れて東京で生活することは認めてくれていたが、せめてたまには田舎に帰ってきて顔を見せることを望んでいた。そのためには、嫁は田舎から貰えば、わたしがその気になるのではないかと、とりとめもないことを言っていた。わたしは遠慮したが、その一方で父は、東京にわたしが住むための家を買うつもりでいた。

あるとき、自転車に乗っていて子供が急に前に飛び出してき、それを避けようとして転倒し、打ちどころが悪かったのか、寝たきりになり、亡くなった。わたしは東京にいて、死に目には会えなかった。六十七歳であった。

かいつまんで言うと、わたしが神経症や人格障害のさまざまな症状を呈するようになった基本的原因は、劇場をどうするかに関する母とわたしの対立であった。わたしはこの問題について長いあいだ母が悪いのかわたしが悪いのか、ああでもないこうでもないと迷いに迷ったあげく、母がわたしに劇場を継がせようとするのは、わたしのためを思ってのことではなく、わたしを従順で便利な使用人として利用しようとしていたのに過ぎないこと、そしてわたしが劇場を継ぎたくないのは、気まぐれな身勝手ではなく、わたしの性質や能力が劇場の仕事に向かないからでもなく、そういう母の要求に従うと自分というものが失われてしまう恐怖に駆られてのことであることがわかってきた。

このことをわたしはずっと以前から直観的には知っていたと思われるが、これを認めると母との関係が崩れるので、わたしはこの直観を無意識へと抑圧し、意識的には母はわたしを愛してくれていると信じ続けていた。この自己欺瞞がさまざまな変な症状を惹き起こしていた。しかし、それがわかったあとでも、母はわたしを利用しようとしていたに過ぎない赤の他人であったという認識を否定したい衝動がわたしの心のどこかで今なお蠢《うごめ》いている。

第四章

強迫観念から生まれた性的唯幻論

自分が変だと気づくのは容易ではない

さっきも言ったように、動物は本能が壊れていないから、変な親はいないし、変な親猫に育てられて変な子猫ができあがるということはない。しかし、人類には変な親が多いし、変な親に育てられると、子も多かれ少なかれ変になる。本能が壊れている人間は、生物種としての本能的な安定した普遍的世界認識と行動規範が欠けており、生存するためには、あとから何らかの世界認識と行動規範を学習し身に着けなければならないが、それは生まれたあと親から学ぶほかはない。そのためには、人間は、まず初め、育ててくれる親がどれほど変であろうと、それが変であると判断する客観的な基準がないのだから、親が示してくれる世界を普通の正しい世界として適応せざるを得ない。この世界に適応するためには親の感じ方・考え方・世界観を受け容れざるを得ない。

わたしは幼いときから変な子であったらしいが、もちろん、自分が変だとぼんやり思い始めたのは変な症状に苦しめられ始めた中学生の頃からであって、人にそう言われるし、人と比べて自分でも自分が何だかおかしいと思われたからである。誰でも初めは何はともあれ親が基準であって、それがすなわち自分の基準となるから、暗黙のうちに親そして自分はまともであり、われわれの親子関係は普通のまともな関係だと思い込んでいる、あるいは、まともだとも変だとも何とも思っていないものであって、親そして自分が変だと気づくのは容易なことではない。親以外の人たちとの関係においてかなりの挫折・失望・不適応、人の非難・拒否・嘲笑《ちょうしょう》などが必要である。それらの不愉快なことがいくらかあったぐらいでは、まず初めは周りの世界や人々のほうが間違っていると思えるから、親そして自分はまともだとの思い込みを変えるのは大変である。

まず、親が変だと気づくのは大変なことであって、親が自分を愛してくれている普通のまともな人間であるということに、子の生存と安定のすべてがかかっているから、どれほど変な親であろうと、初めから親がおかしいと思っている子なんているはずがない。

常習的に子に万引きをさせていた親がいたが、その子が親を変だと気づくのは何歳になってからであろうか。一生、気づかないかもしれない。これは極端な例であるが、いい歳になっていても、他人が見ればすぐわかる親の変な癖を変な癖とは思わず、そのまま受け継いでそれを誰でもやっているありふれた普通のことだと思っている子というのは、よくあることである。

親が身勝手で傲慢《ごうまん》で冷酷で支配的だと、親に適応するしか生きる術がない子は限りなく卑屈になるであろう。初めは、子は親が支配的だとも自分が卑屈だとも気がつかないであろう。気がつくのは、他の人たちと付き合って非難や嘲笑を買ってからであろう。

逆にそういう親に育てられると、子も親そっくりに身勝手で傲慢な人になることもあるが、身勝手で傲慢なふるまいは、相手が卑屈になることを予定してのことであって、親が子の自分を扱ったように、相手を扱っているのである。

わたしが神経症・人格障害の症状を呈し始めたのは中学生の頃からであるが、もちろん、初めは原因が親子関係にあるとは思っていなかった。よく思い出せないが、変なことが気になって困っていたことは確かに困っていたようである。ある日、古本屋でたまたまフロイトの本を見つけ、買ってきて読んで、わたしと同じような症状の人がいたのでびっくりした。それまで、フロイトなんて名前や精神分析のことは聞いたことがなく、何も知らなかったのに、なぜフロイトの本を買ったのか、不思議である。何か直観的なものがあったのであろうか。

それから、フロイトの説をよすがとして、わたしに取り憑《つ》いているわけのわからぬ変な症状についてあれやこれやと考え続けて数年経ったとき、変な症状の原因は母との関係にあるのではないかと疑い始めた。それからさらに十年か十数年経ったとき、原因はやはり母との関係にあり、母のどういう考え・言動・態度がわたしのどういう症状とどう繫《つな》がっているかがいくらか見えるようになった。

何はともあれ、わたしは変なことばかりやっていた。たとえば、中学生のときから絶えなかった外泊癖である。友達やそのほか誰のところでも、泊めてくれさえすればつい泊まってしまうのである。家には無断であった。母は嫌がって外泊するならせめて電話で連絡するようにと言うのだが決して連絡しない。連絡しまいと固く決心して連絡しないのではなく、連絡しなければならないと思いながら、何となくずるずると迷っていて結局は連絡しないのである。当時は自覚していなかったが、これは母を捨てて家から逃げ出したい無意識的願望に動かされた強迫行為であったと思われる。

すでにどこかで述べたことがあるが、同じ頃、道を歩き出すと用もないのに、行き止まりにでもぶつからない限り、どこまでも真っ直ぐ進まねばならなかったというのも同じ無意識的願望に動かされた強迫行為だったのであろう。何となく家に帰りたくなくて用もないのにどこかでぼんやりしていたことがよくある。友達としばらく遊んで、彼と「じゃ、またね。さよなら」と言って別れたあと、ひょっとして彼がまた出てきて一緒に遊んでくれるのではないかという気がして、彼の家の前で一時間ぐらいだったと思うが、じっと待っていたことがある。

大学生時代、東京で下宿を引き払って、親には友達の下宿にいることにして、そこへ仕送りしてもらい、三ヶ月ほど住所不定になっていたことがあった。昼間は山手線を三回ぐらい回ったり（一回、回るのにほぼ一時間ぐらいかかる。外回りは内回りより五分ほど長くかかった。山手線はどこから乗ってどこで降りても十円であった）したこと、山手線や都電のどこかの駅か停留所で降りて無目的に街をぶらぶら歩き回ったこと、喫茶店で長いことねばっていたことなどは覚えているが、そのほかどうしていたかはよく覚えていない。

夜は、武蔵野の林や公園に野宿したり、駅のベンチで寝たり（現在は終電が出るとシャッターが閉まって駅によっては構内には入れなくなっているようなので、不可能であろうが、昭和二十年代はシャッターはなく、また、駅員も気にしなかったのか、それが可能であった。高田馬場駅のベンチで夜を明かしたとき、昨夜、別のベンチで寝ていた見知らぬ男が、朝、死んでいたということがあった）、友達や街や飲み屋などでたまたま会った見知らぬ人のところに泊めてもらったりして過ごしたことがあり、今、思うとどうしてそのような変なとんでもないことを飽きもせずくたびれもせず病気にもならず長期間よくもできたものだと不思議であるが、これは、放浪癖というか、中学生のときからの外泊癖の延長ではなかったかと思われる。帰って寝る一定のところがあるというのが何となくつまらなかったのであろう。いつも今晩、寝るところが決まっていないという不安定な状態に何か解放感のようなものがあったのであろう。

結婚した当初、平気で無断外泊を繰り返して、妻はびっくりしたらしく「そんな亭主、聞いたことも見たこともない」と怒ったが、怒られるまで、それが普通の人はやらないことだとは思っていなかった。ホームレスは、役所の人が安全で快適な公的宿泊施設に収容しても、逃げ出してホームレスに戻ることがよくあるそうだが、その気持ちはわからないでもない。

そのほか、やはり中学生のときから、友達の家に遊びに行っていて何かおやつが出たり、御飯をご馳走になったりすると、ガツガツと意地汚くたくさん食べたらしい。我が家で食事をすると、それだけ母の恩・母への負い目が増えるような気がして腹いっぱい食べなかったからではなかったかと推測される。もちろん、腹いっぱい食べることを母が禁止したことなどはなく、むしろ、もっと食べるように言っていたが……。こういうことはわたしにははっきりした記憶がないのだが、友達には印象的だったようで、「おまえはお菓子を出すと、一番大きいものに一番早く手を出した」と、はっきり指摘されたことがあり、なるほど確かにそうだったと納得できた。

老齢のため食が細くなった今でも、みんなと一緒に食事することがあると、いちばん先に料理に箸《はし》を出すのはわたしである。大小があるものを出されると、いちばん大きいものに手を出すのはわたしである。いったん身についた習癖は、生涯、直らないものらしい。窪島誠一郎氏の本に、養母が彼にかかった衣服・食事・学費などの費用をいちいち詳しく紙に書き記していたことを発見した話が載っている。彼は何も言っていないが、ショックだったのではないか。

「有益な」ことをしたと思い込むための読書

そのほか、これはいささか込み入っているので説明が長くなるが、不特定多数のわけのわからぬ難しげな哲学書をむやみやたらに読み続けるという変な強迫行為があった。これも、当時はなぜだかわからなかったが、母の期待に対する反抗、当時おかれていた状況からの必死の逃亡であったと解される。その動機が抑圧されていたから「強迫」行為となっていたのである。

当時の田舎の庶民の家ではめずらしくなかったと思うが、我が家には本らしい本は一冊もなかった。父も母も尋常小学校しか出ておらず、父が新聞を読んでいるのを見たことはあるが、本を読んでいるのを見たことはなく、母はほぼ文盲だったらしく（一度だけ、手紙をくれたことがあるが、漢字は使っていなかった）、本どころか新聞すら読んでいなかった。母はわたしを、劇場を継がせるための要員に育て上げることしか考えておらず、それ以外のことに関心がなかったようであった。

世の中には知的な子に育てようとして本を子に買い与えて読ませようとする親はたくさんいるであろうが、母が本を買ってくれたことは一度もなかった（ケチだったわけではない。わたしが何かを欲しがるとたいていは買ってくれのだから）。ところが、どういうわけか、学校の成績がよく、小学生のとき、わたしのことを買い被《かぶ》っていた教師がいて、これを息子さんに読ませればいいのではないかとわざわざ子供向けの数学の本を買って我が家に持ってきてくれたということがあった。わたしはその本を熱心に読み耽《ふけ》ったらしい。それがきっかけかどうかわからないが、それを見た母はわたしが何か知的な方面に進むのではないかと恐れたらしい。興行師の跡取りには学問は要らないと思っていたのであろう。子に勉強を強いる世の一般的な母親とは逆に、あからさまに嫌がったわけではないが、母はわたしが勉強したり本を読んだりするのを好まなかったようである。そのことを感じ取ったらしく、わたしは、はっきりと覚えているわけではないが、母の期待に従わなければならないと思い込んだらしい。しかし、それと同時に、母の期待に従っていると無限の空虚の闇の中へと落ちてゆくのではないかと不安になっていたらしい。母の期待に従わなければならないという観念と、母の期待に従うと恐ろしいことになるとの不安のこの葛藤が根にあって、いろいろ変な症状が出てきたと思われる。母のさまざまな言葉や態度があって、中学生になってから、その不安はさらに強くなったらしい。その不安から逃れようとしたのか、母に反抗しようとしたのか、わたしはたまたま古本屋で目について買った哲学の本にしがみついた。

余談であるが、敗戦直後で、当時はまだ出版界は復活しておらず、新刊本は珍しく、たとえば、アメリカの月刊雑誌『リーダーズ・ダイジェスト』(日本語版)の発売日には人々が本屋の前に行列していた。我が田舎町には、現在は古本屋は一軒もないが、当時は数軒あり、読書好きの青少年が文学書や思想書を手に入れるのは主として古本屋からであった。また、今と違って、古本屋は本を高く買ってくれた。大学生の頃は、本を二、三冊古本屋に売ると、友人との呑み代が出たほどであった。

ところで、話を戻すと、古本屋で買った哲学の本を読んだことは読んだのだが、その読み方が変であった。はっきり自覚していたわけではないが、母のもとで強いられている無益で無意味な世界から「有益な」哲学の「知的世界」へと逃れるためではなかったかと推測される。ある何らかの哲学理論に興味があり、理解したいと思って読むのではなかった。読みたい本があって、面白いからとか、好奇心を満たすためとかの動機で読むのではなかった。とにかく、何でもいい、難しそうな哲学の本を読むことは「有益な」ことで、そうしていさえすれば、「有益な」ことが積み重なり、将来、母とは無関係な輝かしい「知的世界」に入場するのに役立つことになり、現在のこの時間が無益・無意味な時間ではなくなると思っていたらしい。「有益な」哲学の本を読んでいないと、時間が無駄に過ぎてゆく気がしてたまらなく恐ろしいのであった。したがって、「有益な」哲学の本を読んでいるのだという観念さえあればよく、わざわざ難しくて理解できない面白くもない本を選んでその字面を無理やりがまんして辿《たど》るだけなのであった。理解しようと思って本を読んでいるのではないことは、意味を知らない単語があっても辞書を引かず、理解できない文章があっても読み返さず、ただひたすら先を急いで本のページをめくってどのくらいのページを読んだかを確かめるだけという「読書」のやり方からも、明らかであった。

当然のことながら、事実上、その「有益な」読書は、意識的意図とは裏腹に教養の獲得にも知識の増加にも理解力の増進にも全然役立つはずはなく、現実には無益で無意味で、この本を読んだ、あの本を読んだ、たくさんの本を読んだという観念的な自己満足があっただけで、読んだあと、何を読んだか全然覚えていない。全然楽しくないだけでなく、何も理解してなくて、何も身についていない。しかし、それは「有益な」ことをしたと思い込むために必要な強迫的儀式であって、実際には無益で無意味とわかっていても、やめることはできないのであった。母に強いられそうになっていた現実に無益で無意味な世界から逃れようとして、観念的に「有益な」世界に潜り込もうとしたあげく、現実には同じく無益で無意味な別の世界に嵌《は》まり込んでいただけだったという皮肉な結果になった。何とも哀れな強迫行為であった。

相反する強迫観念から本を遠ざけることに

しかし、どういうわけかわからないが、あまりにも窮屈な強迫的読書に対する内的抵抗なのであろうか、あるいは、わたしが本を読むのを好まなかった母の意向をわたしが無意識的に内在化したのであろうか、それへの反動が起こり、あるときから、「有益な」哲学の本を読むことができなくなった。「有益な」哲学の本を読もうとすると、あの無意味で苦痛な強迫的読書へと引きずり込まれ、抜け出せなくなると怖くなったのであろうか、あるいは、母の意向に背いて、「有益な」哲学の本を読むのが後ろめたいからであろうか、いずれであるかよくわからないが、面倒なことに、この反動も強迫的なのであった。

従来通り、「有益な」哲学の本を読んでいないと、母が強いる空虚な世界に引きずり込まれそうで怖いのと同時に、「有益な」哲学の本を読んでいると胸がつまりそうになり、怖くてたまらないのである。要するに、正反対のことを強制する二つの強迫観念に挟まれて身動きができなくなった。矛盾する正反対の二つの恐怖のどちらかに耐えながら、あるいは、同じく矛盾する正反対の二つの強迫に引き裂かれながら、どうしたらいいかわからず、わたしはむちゃくちゃな生活を送るしかなかった。十数冊の本を破いてバラバラにして部屋中、紙屑《かみくず》だらけにしたことがある。訪ねてきた友人がびっくりしていた。

結局は、安易なほうに流れ、有益であろうが無益であろうが、本というものを遠ざけようとするようになった。しかし、本を読まないでいることも恐ろしく、そういうわけにもゆかないので、そのうち、「この本を読むことは無益である」と自分に言い聞かせ、「無益」と書いた紙切れをたくさん作って部屋じゅうに張り巡らし、無益だと納得できた本を読むという奇妙な「独創的」方法を考え出した。読者には何のことだかわからなくて首をひねるしかないであろうが、わたしは発狂していたわけではなかった。いずれにせよ、本に関して興味を覚えれば読む、興味を覚えなければ読まないという自然な読書ができなくて、本の内容と関係なく、読まなければならないという強迫観念と読んではいけないという強迫観念にこづきまわされていた。

わたしが、それ以来、フロイトを例外として、欧米人の哲学書や思想書をほとんど読まなかったのは、母の暗黙の意向に沿ったからかもしれないし、この強迫的読書に関する葛藤に懲《こ》りたからではないかとも思われる。また、引用文献や参考文献の記載がないのは科学論文ではないと言われながらも、拙著には文献が記されていることがほとんどないのも、同じ理由のためであって、文献を調べたり並べたりすることに拒否感があって何となく嫌なのである。このように、文献をほとんど読まないため、わたしが独自の説だと思って誇らしく説いてある説が誰でも知っているありふれた説かもしれないが、チェックしようにもできないし、また、わたしの説には欠落や偏りが限りなくあるであろうと思われるが、それを正す術がないので、やむを得ないと思って諦《あきら》めている。またそのせいで、哲学や思想一般に関して常識として誰でも知っているようなことを知らなくて、よく友人たちに驚かれる。

高校生のとき、受験勉強をしてはいけないという強迫観念があったことについてはすでに述べた。母はわたしを大学へ行かせてくれたが、口にはしなかったものの、心のどこかに大学へ行かせたくないという無意識的願望があったのではないかと思われる。それはわたしの邪推かもしれなかったが、邪推にせよ、わたしはそれを直観的に感じ取って内在化していたのであろう。それで、妥協としてわざわざ受験科目が少なくてほとんど受験勉強をしなくてすむ大学を選んだのであろう。母が立ちはだかっていて、どうせそのうち家業を継がなければならないのではないかという気がしていて、一流大学を卒業しそれを足場にして世間へと出て行く希望をもつことはできなかったので、どうでもいい大学を選んだのであろう。同じような大学は近くにいくつもあるのに、わざわざ遠い東京の私立大学を選んだのは、母から遠く離れたかったからであろう。

このように、わたしの青春時代は、自由な自発的判断や興味や関心に従って何かを楽しむということはほとんどなく、生活のあらゆる面でこうしなければならないとか、ああしてはいけないとかを命令するか禁止する、どこからきているのかわからないさまざまな強迫観念にこづき回されて、何も納得できないまま、わけのわからぬことをさせられていた。わたしの意志と関係なく勝手に左に曲がったり右に曲がったり真っ直ぐ進んだりうしろに後退したりする車に一人乗せられて降りることも止めることもできず、ただただどうなるかと不安に怯《おび》えているかのようであった。

献身的に尽くすが、セックスは求めない「清らかな」恋

それが最も典型的に表れたのは女性関係に関してであった。ここでもまさに強迫観念に振り回された。以前にどこかに書いたことがあるが、わたしには明らかに異なる二つの女性関係のパターンがあった。一つは、取り立てて別に何も変わったことのないありふれた普通の恋愛関係である。ただ、「ありふれた普通の恋愛関係」とはいっても、あとから反省してみると、この恋愛関係においては、わたしは妙に威張っていて横柄で身勝手であった。

もう一つは、横柄でも身勝手でもないが、病的としか言いようがない変てこなパターンであって、思わぬときにこのパターンに陥るのである。わたしに対して無関心というか冷たくて好意を持っていないことが明らかな女、わたしを利用しようとしているに過ぎない（とわたしに見える）女を崇拝し猛烈に惚れ込むのであった。彼女に恋人とか婚約者とか夫とかがいればなおさら燃えあがるのである。奇妙なことに、それと同時にこの恋情はおかしい、間違っているという思いもあって、止めようとするのだが、それは止めようとしても止められない頑固な強迫症状なのであった。それに抵抗しようとすると胸が苦しくなり不安に陥るので、抵抗できないのであった。

とにかく、ある女を理想化し、彼女のささいな好意にも感激し、あらゆる機会を捉えて彼女に献身的に尽くそうとする。彼女のちょっとした頼みや求めにはただちに全面的に従い、すべてを彼女に捧げる盲目的な恋する男を貫き通そうとするのである。しかし、どういうわけか性的タブーがあって、それは彼女にセックスは求めない「清らかな」恋であった。そして、「清らかな」恋であることにどこか誇りを感じていて、そのことを彼女にたびたび強調するのであった。彼女がわたしとセックスしたがっていたかどうかわからないが、どういうわけかわたしは彼女にはわたしとセックスする気がないと思い込んでおり、彼女もセックスする気がない態度を示すほうがわたしの恋情を強めるらしいことに気づくのであった。

すでに恋人とか婚約者とか夫とかがいるのだから、当然であるが、それだけでなく、わたしの猛烈な熱のあげ方が過剰で不自然なので変に思われるということもあったと思われるが、わたしの「熱烈な恋」は、たいていの場合、相手にされないので、単なる片想いのエピソードに終わるけれども、相手の女によっては、わたしの過激な恋情と絶大な献身的態度を真に受けて、「ロマンティックな情熱恋愛」が成立することがある。そういう場合、彼女が大いなる期待を寄せてきたりする。わたしは大いに喜んで彼女のためにさらなる大サービスをする（もちろん、口先だけのリップ・サービスであるが、その自覚はない）。

ところが、口先だけの大サービスがしばらく続き、彼女が大サービスの具体的実行を求めてきたりすると、わたしの心境に変化が起こる。やはり、この恋情はおかしいのだとの思いが強くなり、わたしに寄せる彼女の期待と要求が途方もなく図々しい勝手な期待と要求と感じられ、彼女が途方もなく身勝手で強欲な女であると思われてきて、そのような重苦しい大きな期待と要求を寄せてくる彼女に腹が立ってくる。

彼女の「重苦しい大きな期待」は、彼女に示したわたしの「過激な恋情と絶大な献身的態度」に対する了解可能な当然の反応であり、そうなったのは、現実には少々わがままなぐらいに過ぎない彼女にわざわざわたしを多大の利用価値のある鷹揚《おうよう》な男、いくらでもお金を貢《みつ》いでくれる気前のいい男に見せかけてエゴイズムを刺激し肥大化させ、彼女を身勝手で強欲な女に仕立ててあげたからであろうし、またはそのようにわたしが思い込んだだけかもしれないのだが、そのようなことには気がつかないで、一方的に彼女はもともと図々しい虫がいい女だったと決めつける。しかしまた同じく奇妙なことに、一方で彼女にそのように腹を立てながら、他方では、彼女が身勝手で強欲な女であればあるほど（そう見えれば見えるほど）彼女への強迫的な執着と思慕は募るのであった。

そのときのわたしの心情は複雑怪奇であって、いささか説明しにくいが、強迫神経症の特徴的症状と言うべきか、執着と思慕の対象である限りなくすばらしい理想の彼女のイメージは依然として強く存続して心を占めており、そのことを彼女は知っていて、それを根拠にわたしから多大の献身と恩恵が得られると期待していることがわたしにはわかっていて、同時に、彼女は実際にはありふれたその辺の女の子、ねえちゃん、おばはんであり、王女さまでもお姫さまでもないのだから、多大の献身と恩恵などには値しないことは、暗黙のうちにではあるが、ちゃんと知っているのである。腹の中では、アホな女が図々しいことを言っているよと思いながら、しかし、そのことは真剣な執着と思慕の妨げにはならないのである。これは、友人に借金を返さねばならないとの強迫観念は依然として強く存続していながら、同時に、現実には友人に借金なんかしていないことはちゃんと知っているという、さきに例をあげた借金強迫のケースとまったく同じである。強迫神経症の強迫観念が精神病の妄想と違っているのはこの点である。

要求に従うように見せかけて裏切るパターン

いずれにせよ、彼女とわたしの関係は、冷酷で強欲なエゴイストの女と、彼女に一方的に惚れ込み屈従し献身的に奉仕する純情な無私無欲の男、というパターンになる。この「彼女に一方的に惚れ込み屈従し献身的に奉仕する純情な無私無欲の男」というのが、言うまでもなくインチキなのである。しかし、わたしは主観的には本当に自分はそういう男だと信じており、彼女と会っているときは、まさに彼女の望みにはすべて従い、どのような犠牲を払っても彼女のために尽くし、全財産を彼女に貢ぐつもりになっており、実際にそう言明し、固く約束する。主観的には嘘《うそ》をついているつもりはないから、そのときの言葉や態度は真剣そのものである。

顔の表情にためらいの色は見えず、目は澄んでいるはずである。嘘を言っているとはとても見えないはずである。当然、彼女は信じて多大の恩恵や利益を期待するようになる。

ところが、そのあと、わたしは実際には彼女のためには何もしないのである（あるいは、申し訳みたいなほんのちょっとしたことをすることはあるが）。しかも、約束を破って彼女の期待を裏切ったという気はなく、平然としている。むしろ、彼女には多大の熱烈な思慕を捧げ続けたことで多大の喜びと恩恵を与えてやり、彼女の誇りを大いに満足させたのだから、こちらこそ大いに感謝されてしかるべきだと思っているので、わたしに感謝しない彼女のことを恥知らず・恩知らずだと怒っている。もちろん、当てが外れてもっと怒っているのは彼女のほうであるが、わたしは気がつかない。

そういうことが重なると、そのうち彼女はあきれてか、あきらめてか、わたしから去ってゆこうとする。すると、わたしは恐慌をきたし（そのとき、彼女に去られても何ら困らないし何の実害もないことを知っているのだが、恐慌をきたすのは、幼いときの母に捨てられる不安の再現であろう）、必死に引き止めようとし、またもや、「彼女に一方的に惚れ込み屈従し献身的に奉仕する純情な無私無欲の男」を大まじめに大げさに演じる。そこで、彼女が思い直して関係が続くと、また同じことが繰り返される。そのうち、彼女はあきれ果て、そして、いくら自己欺瞞《ぎまん》に深く陥っていたわたしでも、自分がおかしいのではないかと気づくというのが事の顚《てん》末《まつ》であった。

このように、母との関係において形成された、外面では相手の言いなりになるかのように見せかけながら（自分では見せかけだとは思っていないが）、内心では相手を軽んじ嫌い恨んでおり、そして、わざわざ相手に過大な期待を吹き込んでおいて（意図的でなく）裏切るという人間関係のパターンを、わたしは知らず知らずのうちにのちの女性関係に持ち込んでいた。あとからは気の毒なことをしたとしきりに悔いることになったが、客観的に見れば、それは母と似ている（とわたしが錯覚した）女を小道具に使って母とわたしのかつての関係の再演芝居を演じ、彼女をしてわたしの病気に付き合わせたということであった。

あれほど熱烈な思慕を捧げてきていた男が、ある日突然、何のいわれもきっかけもなく、それまで何もなかったかのように急に冷たい無関心な男に豹変《ひょうへん》するのだから、わたしとの関係が切れたあと、彼女は、小判だと思って大喜びで拾って家に持ち帰ったら枯れた木の葉だった貧乏な村人のように、狸《たぬき》か狐《きつね》に化かされたような気がしていたのではなかろうか。

ジキルとハイドのように、彼女に熱烈な慕情を捧げる人格と、彼女に冷たく無関心な人格との二重人格が存在しているかのようであるが、わたしのケースがいわゆる二重人格の症例と異なるのは、記憶の断絶・分裂がなく、わたしは両面ともつねにちゃんと意識していた点である。しかし、両面のあいだの切り替えは、自由意志によるのではなかった。熱烈な慕情に囚われているとき、あまりにも過剰で馬鹿げているような気がして消そうとしても、それは強迫的であって消すことはできないのである。そのまま引きずられて熱烈な慕情を捧げ続けるしかない。

ただ、切り替わるときは、彼女のちょっとした言動がきっかけとなることもあるが、何の原因も理由も思い当たらないこともあり、気分が転換するかのように自動的に切り替わるのであった。

この第二のパターンの女性関係は明らかに母との関係の反復強迫であった。すでに述べたように、母はわたしを母の目的に役立つ従順で便利な使用人に育てようとした。母に捨てられるのを恐れたであろうが、わたしは、主観的には母のことをつねに気にかけ、母のためならどのような犠牲も惜しまないつもりだったし、まことしやかに母のために尽くす従順な孝行息子を演じていた。もちろん、演じているという自覚はなく、実際に孝行息子であると信じていたようだが、それは自己欺瞞であって、そのように母に見せかけようとしていただけである。

それが自己欺瞞であることは、母のために尽くしたいという強烈な主観的思い込みと、具体的には母の期待を裏切るようなことしかしない客観的事実という両極端が併存していて、その矛盾を別におかしいとは思っていなかったことからも明らかであった。真剣に大金を貢ぎたいと思っているのだが、たまたまそのときには大金どころか小金もないのであった。あるいは、小金もないときにこそ大金を貢ぎたいという衝動が起こってきたのかもしれない。

わたしは劇場を継がせようとする母の要求を嫌がりながらも、ときにはそれに従うかのようにほのめかし、決定的には拒否しなかった。それはわたしが母に決定的に拒否されるのを恐れたからであろう。しかし、はっきりと意識してはいなかったが、心の中では勝手な期待を押しつけて重圧をかけてくる母を嫌い恨んでいたことは間違いなく、結局、生涯を振り返ってみると、わたしは自分の思いを貫いたのであった。この恨みが母のもくろみを挫折させたと言えよう。母との関係における、一見、母の要求に従うかのように見せかけながら、最終的には裏切るこのパターンがそっくりそのまま、母と同じように身勝手な（とわたしが思い込んだ。またはそのようにわたしが仕立てあげた）女へと転移したのである。欺瞞の親子関係は欺瞞の人間関係を招く。

もし、このことを理解していなかったら、純情可憐《かれん》なわたしが、どういうわけか、欲張りの変な女を愛してしまい、彼女に愛されようと努め、誠意を貫けば心が通じないはずはないと信じて、彼女を心豊かな人情深い女にしようとすべてを犠牲にして必死に献身的に尽くしたが、彼女の欲張りは変わらず、あくまでわたしを金づるとして利用するだけなので、ついに女心はあさましいと諦めて悲嘆に暮れながら心ならずも彼女から去って行ったという悲恋物語の主人公のつもりになっていたことであろう。実際、彼女とわたしの関係の展開を外部から見ていた軽率な第三者がいたとすれば、そのように展開しそのように破綻したようにしか見えなかったのではなかろうか。

なぜわたしは「インチキな熱烈恋愛」に嵌《は》まったのか

母との関係のパターンを他の女たちとの関係において反復するのは、母との関係において挫折した願望を、他の女との関係においてもう一度同じような状況を設定して、今度は実現することによって、かつての挫折の悔恨を償おうと企てているのではないかという解釈も可能である。以前は、母がわたしの純真な献身的愛情を理解せず、利用しようとしただけだったので失敗したが、今度は、この女との関係においてわたしの誠意と愛情は通じるのではないか。通じるなら、かつて母とわたしとの関係がうまくゆかなかったのは、わたしのせいではなく、すべては母のせいであったことが証明されるという希望を抱くのではないか。そういう希望を抱いて、わたしはこの第二のパターンの恋愛関係に嵌まるのではないか。

しかし、この解釈は成り立たないし、この企てが成功するわけはないと考えられる。自覚していないけれども、わたしの「純真な献身的愛情」というのが虚偽であるからである。成功することはないので、そのような空しい希望を抱いている限り、この企ては何度でも繰り返されることになる。

このインチキな自己欺瞞に気づかなかったとしたら、わたしはとんでもない身勝手なエゴイストの母のために献身的に尽くし、母を幸せにしようと懸命に努力したが、冷酷無情な母はわたしの真意を理解せず、わたしを利用しようとしただけであったので、ついにわたしも諦めたことになっており、もう一度、繰り返すが、わたしは少しも悪くはなく、母とうまくゆかなかったのはすべて母のせいであったという物語を信じることができたであろう。

そして、わたしはかつてそのような物語を信じていたのである。わたしがこの第二のパターンの女性関係に嵌まったのは、もちろん、意識的に意図したのではなく、無意識的にこのような物語をつくるためであったと考えられる。母は確かに身勝手なエゴイストであったと思うが、わたしにとってこの物語が好都合なのは、母のエゴイズムに気づかないフリをして（「フリ」をしているとの自覚はない）、母の期待につけ込み、母に捨てられる危険を回避して、母を利用して身の安全を計っていた点が（わたし自身にも）隠蔽《いんぺい》されているところである。

実際、母はわたしが家業を継ぐという希望を持ち続け、わたしを見捨てなかった。

このような物語をつくるためには強引で図々しい（と見える）女が相手役として登場することが必要なのであった。そういう女に対するわたしの卑屈な態度、わたしを愛していなくてただ利用しようとしているだけの（と見える）女に対するインチキな献身的恋情が強迫症状となるのは、意識的自我がつくろうとしていたこの物語と、この物語が嘘であることを知っている無意識とのあいだに矛盾・対立があるからであり、意識が無意識を抑圧しているからである。抑圧されて無意識へと追いやられた真実は強迫症状となって意識に対して反逆するのである。

いずれにせよ、この第二のパターンの熱烈恋愛がインチキであることに気づき、その構造を理解できるようになったのは、それが決定的に破綻してしばらくあとのことでしかなかった。

もう一つの仮定の話として、実際に母親が慈母のフリなどせず、何も隠さず露骨に息子を虐待し利用しようとするだけの頑固で身勝手で無反省なエゴイストであって、息子はそのことを明確に認識し、そういう母親を恨み、そして、その恨みを抑圧せずにちゃんと意識して育ち、母親への恨みを持ち続けておとなになったと考えてみると、この息子はわたしのようなインチキな熱烈恋愛に陥ることなく、意図的に女を冷酷に騙《だま》し利用して捨てる漁色家になったのではないか。

また、もしわたしが誠実な人間であったとすれば、母の身勝手さを正直に指摘し、わたしに対する期待は実現不可能であることをはっきりさせて態度を改めるよう求め、母とのあいだに偽りのない関係を築こうとしたであろう。それが成功したとすれば、楽しい幸せな母子関係が成立したであろう。それは成功しないかもしれないが、そのときには、母にその理由を明示した上で、自信をもって母を見捨て我が道を行ったであろう。わたしは勇気がなく誠実ではなかった。そのようにはしなかった。

性的虐待を受けた女性が惨めな男関係を繰り返す理由

この「インチキな熱烈恋愛」のパターンは、女性関係においてだけでなく、それほど劇的な形ではないが、一般の人間関係においても見られた。いくらか図々しい人がいると、わたしは彼にわたしをお人好しの利用しやすい人物に見せかけ、彼の図々しさを容認し、彼の図々しい要求に従う。彼が図に乗ってその図々しさの程度を高めてくると、彼の図々しさを嫌悪するようになり、ある日突然、彼から去り、彼の期待を裏切るのである。

もちろん、それ以上のことはしないが、そのとき、わたしは、彼のいやらしい憎むべき図々しさを心の中で集中攻撃し、何かちょっとした（哀れになるほどみみっちいちょっとした）意地悪なことをして彼に天罰を下したつもりになり、浅ましくも正義の味方になったような高揚した気分になるのである。いかにわたしが心の狭いスケールの小さい人物であるかということがよくわかる。

この過程がすべて無意識のうちに自覚なく行われるところが恐ろしい。自覚なく行われると、行動に自制のブレーキが働かないからである。彼にわたしをお人好しの利用しやすい人物に見せかけるというのも意識的に意図してのことではなく、しばらくあとから反省してみてどうやら自分はそのようにしていたと推測できるということである。

彼に天罰を下したつもりになってなぜ高揚した気分になるのであろうかと考えていて、これは、第二のパターンの女性関係と同類の行動ではないかと気づいた。わたしに図々しい要求を突きつけて重圧をかけた母へのまだ晴らしていない恨みを、図々しい彼を身代わりにして晴らしていたのである。だから、正義の味方になって厚顔無恥な悪人に天罰を下したつもりになって気分がよかったのである。それは代理行動であるから、真の意味での満足はなく、図々しい人を一人見つけて天罰を下すと、また次の図々しい人を見つけなければならない。そういうことがわかってくると、何という無意味な馬鹿げたことをしていたのかと嫌になって、「インチキな熱烈恋愛」や「図々しい悪人の処罰」に付き合ってもらった人々に顔向けができないような気になるが、取り返しはつかない。

わたしがこれまで拙著のなかでよく使った臨床例をまた使うと、幼いとき父親に性的虐待をされた女の子が大きくなって、彼女を軽んじていて愛してなんかいない冷たい男に惚れ込み、彼のために献身的に尽くすが、さんざん利用されたあげく、裏切られて捨てられるが、これに懲りずにまた同じような冷たい男に惚れ込み、また同じように尽くして捨てられるという惨めな男関係を繰り返すという場合、彼女がなぜこのような愚かなことを繰り返すかというと、彼女は、挫折した過去の企てを今度こそは成功させようとあがいているのではないかと解釈することができる。

彼女は、彼女を愛し彼女のためを思うやさしい男には惹かれないのである。彼女は、彼女を虐待した父親と同じような冷たい男をわざわざ見つけ、彼と関係を持ち、そこを出発点として、そういう彼をして彼女を愛するやさしい男に変えようと空しい努力をしているのではないか。そうできれば、かつて幼いとき、彼女を虐待した父親を彼女を愛するやさしい父親に変えようとして挫折した過去の企てを今度こそは成功させ、かつての屈辱を雪《そそ》ぐことができるような気がするのではないか。

これは一つの解釈であるが、別の解釈も可能である。彼女は、惚れた男が彼女を愛していない冷たい男であることを暗黙のうちに知っているのではないか。彼女は、彼に虐待され、あえて惨めな目に遭うことによって、かつての父親との体験を再演し、かつて自分は父親にこのようなひどい目に遭ったのだということを、まだ心のどこかで父親の愛情を信じたがっている自分、そして娘を虐待したことを否認したがっている父親に見せつけようとしているのではないかと解釈することもできる。

さらにまた、わたしの「インチキな熱烈恋愛」の場合のように、この場合も、彼女は、彼女を愛していない冷たい男に献身的に尽くすことによって彼を舞い上がらせ、舞い上がった彼の前から突然姿を消すことによって、彼を失望落胆させて、かつて彼女を虐待した父親に対してはできなかった復讐《ふくしゅう》を彼を代理として実行しようとしているのではないかと解釈することもできる。

わたしの問題に返れば、このケースと同じく、わたしを愛していなくて利用しようとしているだけ（と見える）女に対する強迫的な熱烈な慕情も、かつてわたしを愛してくれなかった母とそっくりの身勝手なエゴイストの女に献身的に尽くして、彼女をして、わたしを愛してくれるやさしい女に変えることによって、かつて挫折した企てを今こそ成功させようとしているのではないかと解釈することもできるし、また、見せかけの熱烈な献身的思慕を捧げて彼女をしてわたしに過大な期待を抱かせておいて、ある日突然それを裏切り、彼女を失望落胆させ、彼女を身代わりとして、かつてわたしに重苦しい過大な期待をかけて苦しめた母に対する、まだ十分に晴らしていないために心の底に澱《よど》んでいる復讐の恨みを晴らそうとしているのではないかと解釈することもできる。

これらの解釈のいずれが正しいであろうか。多元決定ということもあり、つねに人間は混じりっけのない純粋に一つの動機に基づいて行動しているわけでないと考えることもできるから、いずれの解釈も正しいのかもしれない。

余計なことであるが、恋愛や結婚の相手を選ぶときは、その人がどのような親にどのように育てられたか、その親にどのように対処したかを知っておけば、期待外れのとんでもない目に遭うのを避けるために大いに役立つであろう。

なぜセックスしない男女関係は「清らか」なのか

ところで、さきに述べたように、性的唯幻論はフロイトの『性理論に関する三論文』から発想を得ているが、それが準拠した個人的資料は主としてわたしの女性関係の第二のパターンに基づいている。この第二のパターンの恋愛の渦中にあるときには、あれこれの強迫観念にこづきまわされていたわけであるが、さらにこの資料に準拠してもう一つ別の問題を考察してみよう。この「恋愛」においては、わたしは、相手の女性を理想化して崇拝し、彼女に熱烈な思慕と恋情を捧げ、絶大な献身的態度を示し、そして、どういうわけか、セックスは求めず、そして、結婚のことは考えもしないのであった。

この第二のパターンの女性関係は母との関係の反復強迫であり、その代理としての再演であるから、近親姦《きんしんかん》のタブーが働いて、セックスや結婚は排除されると考えられるが、それだけが理由ではなく、主観的には第一の根本的理由は、穢《けが》らわしいセックスや世俗的・打算的な結婚と関係づければ、崇拝する理想の女性との清らかな純粋な恋を穢すことになるような気がするからであった。

しかし、セックスも結婚もともに排除すれば、当然のことながら、恋愛関係は持続せず破綻するであろうが、現代においては、セックスと結婚は必ずしも結びついていないから、結婚を予定しないでセックスするだけの関係でも破綻するとは限らない。しかるに、この第二のパターンの恋愛が破綻したのは、結婚を求めないだけでなく、セックスすら求めないにもかかわらず、同時に、相手の女性に熱烈に思慕を捧げ、献身的態度を示し、わたしに対する絶大な期待を抱かせながら、全然、実行が伴わないからであった。

なぜわたしはセックスを求めなかったのであろうか。それは、わたしに性欲がなかったわけではなく、セックスを求めないことを、「穢れのない清らかな」恋だとして誇りに思っており、その上、女性とくに「清純な乙女」には性欲がないと思い込んでおり、セックスを求めるのは身勝手でいやらしく失礼であり、純粋な彼女を傷つけるという気がしていたからであった。

あとから思い出すと馬鹿げていたが、このパターンの関係において、相手の女性がセックスを求めていた、または少なくともわたしが求めたら応じたに違いないと推察される場面で、わたしは彼女の期待を裏切り、失望させるなんてまったく思いもせず、むしろ彼女を傷つけまいとして、彼女のためだと思ってセックスをがまんしていた。セックスしたいのにもかかわらず、自制するわたしを彼女はまじめな信頼できる男だと評価してくれると思っていた。それはなぜか。何のためであったか。

考えてみれば、男と女がお互いに好きになり、仲良くなって結婚しセックスして、子が生まれ、子育てをするというのが普通の関係であろうし、あるいは、恋愛とか結婚とかには関係なく、お互いにセックスを楽しむだけというのもあるであろうが、この第二のパターンの関係が変だ、おかしいと気がついたのは、一つには、決してそのような結末にならないからであったし、そもそもそのような結末をめざしてもいなかったからである。なぜセックスしない男女関係が「清らか」なのか。そのようなことは誰が決めたのか。疑問は広がって行った。

「女には性欲がない」という嘘が必要だった

これはわたしだけの問題ではない。この問題を解くことから、人類のセックスがいかにおかしいかが見えてくる。

種族保存のために必要なセックスしかしない動物一般と比べてみると、そもそも人間の性行動はおかしなことだらけである。人間がセックスするのは、性欲の満足のため、性的快感のため、プライドを満たすため、お金を稼ぐため、相手を支配するため、侮辱するため、相手の好意を得るため、お互いの愛を確かめるため、暇潰《つぶ》しのためなど、驚くほどのさまざまな動機のためであって、子をつくるためにセックスすることはめったになくて、何十回のうちの一回ぐらいであろう。

それから、性倒錯といって、子をつくるどころか、女性器と男性器が結びつくという基本的なことにすら関係のないとんでもない変なことをして性的興奮を得るのも人間だけである（露出症や窃《せっ》視《し》症やフェティシズム）。本来なら、男と女はともにセックスしたいはずなのに、なぜセックスは男が「やる」ことで、女が「やられる」または「やらせる」ことになっているのか。なぜ売買春や強姦という人間以外の動物には見られない現象が人間にはあるのか（ただし、チンパンジーは売買春するそうである。チンパンジーに一定の仕事をさせてチケットを与え、それをチンパンジーがもってくるとバナナと交換するという実験をしていたところ、仕事をしていない雌《めす》のチンパンジーがチケットをもってくるようになった。観察すると、雌が雄《おす》にセックスをさせて雄からチケットをもらっていることがわかった。チンパンジーともなると、いくらか人間臭いことをするらしい。そのほか、ボノボは、雌と雄がお互いの好意を確かめるためにセックスするそうである。人間しかしないと思われていた対面性交もするそうである）。

動物の雄は発情している雌としかセックスしないが、なぜ人間の男は嫌がる女、眠っている女、意識を失っている女とでもセックスしたがるのであろうか、セックスできるのであろうか。いかにも不思議である。そういうことを考えているうちに、わたしは、人間は本能ではなく幻想に駆られてセックスするのだと考えるに至り、性的唯幻論を唱えたのであった。

このわたしが、女、とくに「清純な乙女」には性欲がないと思い込んでいたのはなぜなのであろうか。もちろん、これはわたし独自の思い込みではなく、かつては一般的にそう思われていたようである。この「なぜ」が性的唯幻論の出発点であった。そこで到達したのが、人間の性本能は壊れており、それでは人類は滅びるので、何とか修復しようとして作り出されたのが性文化＝性差別思想であるということであり、女には性欲がないということがその基本的観念であった。

女には性欲がないという基本的観念から「清純な乙女」と「売春婦」という女の二つの文化的・社会的役割が発生し、ともに性本能の崩壊に対する弥縫《びほう》策として機能している。「清純な乙女」と「売春婦」は、一見正反対だが実はお互いに支え合っている同じ穴のムジナなのである。

女には性欲がないとされた第一の理由は、性本能が壊れて男は不能に陥る危険が大きくなったため、女からセックスを求められるのを防ぐためであることは明らかである。男にとってはセックスしたがる淫乱女は恐ろしいのである。応じることができないかもしれないからである。また、女に性欲があるのであれば、男は女がやりたがっていないときにはセックスを求めてはいけないことになるが、女に性欲がないのなら、男は女のことを考えずにセックスするかしないかを決めればいいことになり、男には好都合だからである。

ちょっと考えれば、男と女が、形は異なるにしても性欲に強弱がないことはすぐわかるにもかかわらず、女には性欲がなく、他方、男らしい男ほど強い性欲をもっているという嘘が信じられたさらなる理由は、この嘘が人間をしてセックスさせるために必要だったからである。

なぜ、壊れた性本能を修復するための性差別思想に「女には性欲がない」という嘘が必要だったのか。

すでに述べたことを念のために簡単に繰り返すと、要するに、人間の性本能が壊れ、男も女も本能としての性交の欲求と能力を失ってしまったという危機に直面して、とにかく種族保存のための緊急処置として、女の性欲にかまっている余裕はなく、女性器を男にとって魅力的な受動的対象とし、女性器への強い能動的性欲を男らしい男の文化的欲望として構築するという対策を講じたというのが、わたしの仮説である。人類の性文化のさまざまな特徴はその結果であると説明できる。性のタブー、女性差別、清純な乙女幻想、処女の価値、女体の商品化、売買春、強姦、などなど。

女性器も陰毛も乳房も、隠されたから性的魅力になった

ちょっと考えれば、性のタブーは性交の邪魔になるだけで、そのようなものがないほうが自由に性交することができて便利なはずだと思えそうなのにもかかわらず、なぜ性のタブーのような余計なものがあるのかと不思議な気がするが、わたしの考えによると、人類は、本能が壊れて本能に基づいてそのままの自然な形で性交することができなくなったため、性交するためには、本能以外の何らかの動機が必要になったのである。

そこで、性交をあえてわざわざいやらしい穢れた罪深い行為として厳しく禁止しておいて、禁止に対する反発を喚《よ》び起こし、反発を性交の動機として利用した。女性器を遠くにある入手困難な貴重で神秘的な獲物にすることによって、困難を乗り越えておのれの力を試そうとする男の野望を刺激して、性交の動機につけ加えた。性交を日常的には厳しく禁止することによって非日常的なものとし、がまんさせて欲求不満に陥らせ、非日常における性交への憧れを強めた。

実際、昔の若者と違って猥談《わいだん》はしないし、猥歌を知らない現代の草食系男子には想像もつかないであろうが、昔の十代後半以後の若い男たちは四六時中、セックスのことしか念頭になかった。

さらにこの動機を支えるため、いやらしい性欲なんかに穢されていない「清純な乙女」という幻想をつくりあげ、清らかな女を犯し、いやらしい性交を強いて穢れた性的道具へと引きずり下ろしたいという衝動を男らしい衝動として男に植えつけた。人類はこのような文化装置を構築することによって辛うじて男を性交へと誘い込むことに成功したのである。人間の男は本能に基づいてではなく、禁止を破って清らかな女を穢したくて性交するのである。男にこの幻想がなければ、処女なんて何の価値も魅力もないはずである。

このように、女性器に対する男の性欲を掻《か》き立てるため、女は、性欲を否定され、男の性欲を満足させる受動的道具に貶《おとし》められたが、その償いに、女は商品化された女性器を男に使わせて売春代を稼ぐという報酬を得ることができるようになった。しかし、女性器の商品化は女にとっては屈辱であり、自由に楽しめるはずの性交が屈辱の意味を帯びることになり、そのため、女は本来ならためらわくていい性交をためらわざるを得なくなった。

禁止されていて、禁止を破ることが男の性欲の大きな動因であることは、たとえば、江戸時代には、暑い夏、女は平気で乳房を晒《さら》して街中を歩いていたそうで、それほど昔でなくても、日米戦争の敗戦前も、母親が電車の中や縁台で乳房を出して赤ちゃんに授乳していたのを子供のわたしはよく見かけたが、敗戦後、乳房を性的対象とするアメリカ文化が伝わってきたためか、日本の女は乳房を隠すようになり、すると、日本の男は乳房に興奮するようになった。かつて「鳩胸」と嫌われた「ボイン」が尊重されるようになった。

ヌード写真の陰毛が猥褻《わいせつ》物陳列罪で処罰されていたあいだは、非合法に陰毛を見せるストリップ劇場には客がつめかけた。しかし、陰毛が解禁になると、しばらくはわざわざ「ヘアーヌード」という変な和製英語で持てはやされたが、そのうち、有名な女優やタレントも写真集や雑誌で陰毛を見せるようになると、珍しくなくなり、そのためかどうか知らないが、あちこちのストリップ劇場の廃業が続いた。要するに、女性器や陰毛や乳房それ自体に性的魅力があるのではなく、それらに性的魅力があるのはつねづね隠されているから、それらを見られるのを女が恥ずかしがるからでしかない。

自分の身体のありふれた一部に過ぎない、別にどうということはない女性器を、男がなぜあのように熱心に欲しがるのか実感がなく、不思議な気がするという女の子がいるが、女の子が不思議がるのは当然であって、女性器を男にとってわざわざ魅力的なものにするために、人類は自然に逆らって女性器を神秘化するなど、絶大な文化的努力をしてきたのである。

実際、性交が人目から隠すべき恥ずかしいことではなくなり、男と女がその辺の街角や野原でおおっぴらに平気で性交するようになれば、人々は性交に対する憧れや好奇心を失って、誰かが目の前で性交していても見向きもしなくなり、人類は性交への欲望を喪失し、滅びるであろう。そうなっては大変なので、何としてでも性のタブーを維持する必要がある。

この性文化は緊急処置として止むを得なかった面がいくらかあったにせよ、女の性欲がなおざりにされるとか、売買春や強姦が不可避的に随伴するとか、さまざまな致命的欠陥があった。

男の性欲だけが強調され、女はそのための便利な対象として窮屈きわまりない役割を押しつけられて、その役割から外れたことをすると女らしくないとされた。積極的に性交を求め自由に振る舞うと、あばずれ女、出しゃばり女、淫乱女と蔑《さげす》まれ、自ら性交を求めるのではなく、男に性的対象として求められることが女の魅力・価値・誇りとなった。

二十世紀後半になって、主として女性の側から異議が申し立てられ、改革が迫られた。今や、処女を有り難がる男は馬鹿にされ、処女を面倒がる男のほうが多くなり、女に性欲があるのは当たり前で、女も積極的に性交を求めるようになり、男は性欲の強さを誇るために無理して性交する愚かさに気づかされるなど、かなりの修正が見られるが、まだまだ十分ではない。

わたしは、この問題について『性的唯幻論序説』において詳しく説明しているので、拙著を読んでくれると有り難い。ときには買春や強姦に訴えてでも満足させないと収まらないということになっている男の「強い」性欲は本能ではなく、文化現象なのである。

第五章

現実感覚の不全

幼い頃から狂っていたわたしの現実感覚

現実感覚の不全は動物にはあり得ず、人間だけに見られる現象であると思う。動物の現実感覚が狂うことはない。猫には猫の、雀《すずめ》には雀の、蛇《へび》には蛇の現実認識があり、それは種として安定していて普遍的であろうが、人間の現実認識は、その所属集団（村落とか部族とか）によっていくらか共通性がないことはないものの、個人個人によってバラバラである。人間は本能が壊れているため、まず初めに本能に基づく健全な現実認識があって、それが何らかの不幸な状況に害されて狂うのではない。人間は生まれてから、まず、親が提示する現実を現実として受け容れる。それが基本である。それから、知覚器官が発達するにつれ、周りの世界および人々との関係の中で自ら現実を知覚してゆくが、人間にとって客観的現実というものはなく、知覚するのは、あくまで親や他の人々から与えられた枠組み（パラダイム）を通して知覚する現実である。

人間は言語によって現実を構成している。人間は森羅万象の個々のすべての現象にそれぞれ名前をつけるが、本能に基づく本来の現実を見失ったため、名前をつけないと現象を把握できないからである。個々の現象の区別ができないからである。そのように言語によって構成された現実は、本来の現実と多かれ少なかれずれている代理現実・擬似現実である。

親は親の現実認識を子に伝える。親はそれを普通の正しい現実認識であると思っているであろうが、基本的には親の親から伝えられた現実であり、さらにそれに手が加えられて、親にとって多かれ少なかれ好都合な現実であることが多い。親によっては、親に一方的に好都合な、あまりにも身勝手過ぎる現実を子に伝えることがある。人間の現実感覚は誰でも多かれ少なかれいくらかは狂っているが、狂っている親が伝える現実とその後、子が他の人々との関係で学んだ現実とが矛盾撞着《どうちゃく》し、子が現実を構築する過程に欺瞞《ぎまん》・歪曲・矛盾・虚偽が入り込み、腑《ふ》に落ちないことがたくさん含まれたりすると、子の現実感覚は大いに狂ってくる。しかし、いったん構成された現実感覚は、失敗や不適応を招いてもそう簡単には変えられない。そのため、世の中には的外れの愚かなことをやらかす個人や集団（民族や国家）が絶えないのであろう。団結した一万匹の黒猫のグループと、同じく団結した一万匹の白猫のグループとが大草原で対決し、嚙《か》み殺し合うなんてアホなことを猫族はやらないが……。

ところで、わたしの現実感覚は、幼い頃から狂っていたらしい。どういうわけかわからなかったが、わたしはよく「変な子」と言われた。人がやらないようなことをやり、人がやるようなことをやらなかったからであろう。どうも、おとなになってからも羞恥心《しゅうちしん》が人とかなりずれているらしい。わたしは、人が何でもなく平気でできるありふれたことがとても恥ずかしくてたまらずどうしてもやる勇気が出なかったり、逆に、人がよくもそんなことができるとあきれかえって驚くような図々しいことを何気なく平気でやったりするらしい。人類に普遍妥当な羞恥心はなく、個人は誰でもそれぞれ多かれ少なかれ自分なりの羞恥心をもっているであろうが、わたしは人々一般と羞恥心がひどくずれているらしく、そのため、人が簡単にできることをするのに大変な手間と努力と勇気が必要だったり、思わぬときにあちこちで頭をぶっつけたりして、非常に生きづらいのである。

人が平気でできることが恥ずかしくてできない例をあげると、たとえば、見知らぬ場所に行って目的地への道がわからないとき、人に道を聞くことができない。懸命に地図や番地などを頼りにして必死に探し回るが、どうしてもわからないと、目的地へ行くのを諦《あきら》めて帰ってしまうことがある。ちょっと誰かに聞けばいいのだが、それができない。諦めて帰るわけにはゆかない重要な用事のときは、探し回るのに必要な時間を見込んで、かなり早くから出かける。あとで説明するが、その原因は母との関係にあると思われる。

それから電話をかけるのが恐ろしい。それほど遠くなければ、相手のところへわざわざ出かけて行って直接会って話そうとする。大学では、事務所や各教員それぞれの研究室に電話があるが、わたしは用があっても電話を掛けないで、校内を歩いて本人のところに行っていた。どうしても電話を掛けざるを得ないときには、一大決心をして腹を決めてから掛けるが、すぐ切ろうとするらしく、友人がわたしと電話で話していると、ちょっと間をおくと、すぐ切られるので、思わず焦ってしまうと文句を言っていた。このことはわたしもなぜだかよくわからない。たぶん、電話では話が通じないのではないかと不安なのであろう。これは対人恐怖症の一症状ではないかと思われる。

それから、これも強迫行為であるが、どんなことでも一つを避けて二つにしてからやろうとする。たとえば、手紙やハガキを一つ、出すことができない。何か理由を見つけてもう一つ手紙かハガキを書いて二つにしてからポストに入れる。書店で一冊だけ本を買うことができず、もう一冊見つけて二冊にして買おうとする。なぜだかわからない。一人っ子であったためにいろいろ嫌なことがあったからであろうかと、こじつけてみるが、根拠はない。

子供のとき、母に連れてゆかれた銭湯で湯船の湯を桶《おけ》で掬《すく》って浴客たちに掛けまくったとか、小学生のとき、教室で騒ぐので授業の邪魔になると外に出されたとか、高校生のとき、街なかでオートバイに乗っていたとき、女の子が前を横切って、ブレーキをかけるかハンドルを切るかすれば避けられたのに、そのまま進んでぶつかってしまったとか、学校の校庭で生徒たちがキャッチボールをしていて、間違ってボールがわたしのほうへ飛んできていて、すぐ避けようとしないために、わたしに当たって痛い目に遭ったとかのことは、すでに述べたことがあるが、その原因は現実感覚の不全であって、生理的知覚機能が損なわれているわけではないから、オートバイの前を横切る女の子や、わたしのほうへ飛んでくるボールはちゃんと見えているのだが、それが現実であると認識するのに時間がかかるらしく、とっさの回避反応ができないのである。

頻繁な紛失癖は何かの無意識的願望なのか

そう言えば思い出したが、小学生のとき、教室でよくお漏《も》らしをしたが、尿意は感じているのだが現実とは思えなくて、そのうち尿意が消えるような気がしていてそのままにしておくと、そのうち出てしまうのであった。この種のことはよくあることで、おとなになってからのことだが、ちょっと横においた持ち物を、あるいは、店員が出した釣り銭を近くにいる見知らぬ人が持ち去ろうとしているのをポカンと見ているということがあった。

中学・高校のときは善通寺町から八キロばかりの丸亀市に今はなき琴平参宮《ことひらさんぐう》電鉄で通っていたが、電車に置き忘れるらしく教科書を入れていた鞄《かばん》や弁当箱をよく失くした。あるとき、電車の棚に荷物をおくと、たいてい忘れることに気がついた。大学受験のため、初めて四国の田舎から東京に出てきたとき、学生割引（当時は半額であった）で買った東京までの旧国鉄の切符を失くして、おとなの料金を払わされた。

紛失癖は今になっても直らず、財布や眼鏡はたびたび失くするし、パスモ（スイカ）はもう数回失くしたが、どこで失くしたかわからないことが多い。居酒屋などに入り、脱いでどこかに掛けたか置いたかしたコートやジャンパーを忘れて出てくる常習犯である。こういう場合、あとで思い出して取りに行くと、たいていの店では取っておいて渡してくれるが、なくなっていることもたまにはある。

　このようなあまりにも頻繁な紛失癖は単なる不注意ではなく、間違いなく病的症状であろう。大事なものがなくなるし、手痛い損をするし、自分が嫌になるし、そのたびごとにこれからは気をつけようと固く決心していたのだが、直らない。どうしても直らないので、あるとき、これは性格的宿命だと諦めの境地に達し、直そうと決心するのをやめようと決心した。そう決心すると、あとから自己嫌悪に駆られることがなくなった。しかしそれで、ものを失くすことが増えたわけでも減ったわけでもないが、どちらかと言えば減ったような気がする。

　一部の外国ではちょっと油断すると持ち物を持ってゆかれたり、ひったくられたりするそうであるが、日本ではそういう被害に遭うことはめったになく、世界的に治安がいい国だそうで、近年のことを言えば、新宿末広亭、新橋演舞場、小田急線のロマンスカーで財布を落としたが、取っておいてくれた。

　この紛失癖も現実感覚の不全の一環であろう。現実に今自分が身に着けているもの、所持しているものについて身に着けている、所持しているという実感がなく、したがってなくなっても気がつかないのであろうか、あるいは、身に着けているもの、所持しているものを捨ててしまってさっぱりしたいという無意識的願望があるのではなかろうか。着せられた衣類が窮屈で気持ちよくないのか、脱ぎ捨てて裸になりたがる幼児のようである。どうしてそのような無意識的願望が発生したのかわからないが、心のどこかに、母がくれたものは何でも捨ててしまい、身軽になりたいという気があるのであろうかとも考えられないでもないが、証明はできない。

父が亡くなったとき、いくらかの現金の遺産があったが、ド素人が短期間にいい加減に株を買ったり売ったりしたものだから、当然のことながら、たちまちほとんどをスッてしまったし、相続した劇場を売却したときにはかなりの現金を手にしたが、妻の勧めもあって、一部をペルーに小学校を建てる資金に寄付した。株を買ったり売ったりしたのは、何を錯覚したのか、お金儲《もう》けをしたかったというさもしい根性からであると解することができないでもないし、小学校を建てる資金に寄付したのは先住民がスペイン系の支配層に差別されているのを怒った当時のフジモリ大統領がまず先住民の子供の教育を重視していたことに共鳴したという義侠《ぎきょう》心《しん》からであったと解することができないでもないが、実はさもしい根性からでも義侠心からでもなくて、両者は無関係のように見えるが実はいずれも同じ動機からだと考えられる。基本的には父母が残したお金を、自分の生活や娯楽のために建設的に生かして使うことがうしろめたかったからであろう。わたしは本質的には非常にケチなので、自分が働いて稼いだお金すら惜しくてなかなか使わないのに、縁もゆかりもない赤の他民族の子供の教育のためになんか喜んで使うはずはないのである。

また、何か非常に欲しかったものが見つかったとき、あるいは、かつて是非ともやりたかったことができるチャンスがめぐってきたとき、なぜか強迫的な内的禁止が働いて、それぐらいのお金を使っても何も困らないのに、何となくお金が惜しくて買いたくても買うことができない、やりたくてもやることができないという気が滅入るような不合理なことがよくある。これもケチな根性からであると解することができないでもないが、わざわざ楽しみのチャンスを自ら見逃して失ってしまうわけであり、逆に、楽しくもなく、役にも立たないつまらないことにどういうわけかお金を惜しみなくふんだんに浪費する強迫的な癖があるのだから、やはり、同じ動機からではないかと考えられ、紛失癖の実践なのかもしれず、そこには罪悪感や現実感覚の不全も絡んでいるであろう。

親から相続した莫大《ばくだい》な遺産を遊興や賭博や道楽で蕩尽《とうじん》する人がいるが、莫大な遺産が負担だったのかもしれないと思うと、何だか咎《とが》める気になれない。むしろ、拍手喝采を送りたい気がする。わたしの場合は莫大な遺産というのでは全然なく、たかが田舎の芝居小屋に過ぎないのだが、それを母はこの上なく大切に思っていて、そのために懸命に働いていて、かつ、わたしにもそれをこの上なく大切に思うことを強く期待していたわけで、どうしてもそれを大切に思えないわたしはそういう母を見ていて何となく気が重かったし、贅沢《ぜいたく》な悩みかもしれないが、親が貧乏で相続財産などなかったらどんなに気楽であろうという気がしていたから、少々の遺産でもなくなるのはどこか気が軽くなることであって、遺産を蕩尽する人を同類と感じるのかもしれない。

非現実を現実と信じてしまう、歪んだ認知構造

人間関係一般にも現実感覚の不全の症状は現れていて、近頃の流行の言葉で言えば、わたしは空気が読めない人間の最たる者である。しょっちゅう、ちぐはぐな、場違いな、的外れのことをやらかしている。

わたしは人に馬鹿にされ軽く見られることがよくある。とくに傲慢《ごうまん》で意地悪な人でなくても、わたしの態度・言動を見て、わたしを軽く扱っても大丈夫だと思うらしい。なかなか気がつかなかったが、わたし自身がそのように仕向けるらしい。そういう人が何となく怖くて反射的にというか強迫的に卑屈な態度を取ってしまうらしい。そして、人がわたしを軽く見て利用しようとしていることに気づいても、抵抗せずそのまま利用されてしまったりする。そういう人の言いなりになっていれば、あとからその人がわたしのために多大の利益になるようなことをしてくれるに違いないという気がするのである。この習性は、母との関係において、わたしをたやすく利用できる役立つ人物に見せかけて（もちろん、見せかけるだけである）母に捨てられまいとしたことに起源があるのではないかと思われる。

このように、わたしを軽く見て利用しようとしている人に簡単に利用されてしまうこともあるが、逆に、わたしのために心から親切に尽くしてくれる人を何もわからず冷たくあしらって

しまうこともよくあるらしい。悪意はないつもりなのだが、そういう善意の人の気持ちをないがしろにするようなことを平然と言ったりしたりするので、鈍感な、愚劣な、または意地悪な奴と思われるらしい。このような行動は、やはりちぐはぐな環境に育ったせいであろうか。その場ではそのちぐはぐさには気がつかないこともあるが、あとからはたいてい気がつくので、軽く見られて利用されたことがわかって猛烈に腹が立ったり、わたしのために親切に取り計らってくれたことがわかって悔やんで自分を責めたりすることになるが、あとの祭りである。

要するに、このような現実感覚の不全のために、わたしは、遭わなくてもいい目にさんざん遭ってきたが、その原因は母との関係にあるとしか考えられない。すでに何度も述べたように、母はわたしを母の目的のために利用できる言いなりになる便利な使用人に仕立て上げようとしていた身勝手なエゴイストではなかったかと思われるが、この現実はあまりにも耐えがたかったからであろう、この現実を否認し、わたしのために献身的に尽くしてくれる慈母であるという非現実を、現実だと信じていた。黒を白と見るというさかさまになったこの歪《ゆが》んだ認知構造は、何十年経ってもわたしの人格の基本的構造として現在まで続いており、母との関係だけに留まらず、人間関係一般に拡大し普遍化し、そのあとの人生において現実感覚を狂わせてしまって、いまだにわたしは、現実を現実と認識できず、非現実を現実と信じる習癖があり、警戒はしているのだが、ついこの習癖に押し流されがちで、見当外れの場違いなことをやってしまうことがよくあり、社会生活上、さまざまな不適応な行動を惹き起こしている。

ある好ましくない現実を、たとえその一部でも否認すると、否認の習癖が波及し拡散してその特定の好ましくない現実だけでなく、現実一般が見えなくなるらしい。おとなになってから気づいても、そういう習癖は直らないようである。

現実感覚が壊れた動物はいないが、人間は本能が壊れていて、当然、本能に基づく現実感覚は壊れるため、幼いときの親子関係のなかで現実感覚を新たに形成しなければならないが、「三つ子の魂、百まで」という諺《ことわざ》にあるように、そのときに形成され損なうと、現実感覚の不全が固定し、あとから修正するのはきわめて難しいと思われる。とにかく、人間は、動物と違って、過去に形成された認知構造を介してしか現在の現実が見えないので、過去を歪曲すると、必然的に現在の現実も歪んで知覚されるようである。ついでながら言えば、過去の歴史を隠蔽《いんぺい》し歪曲した民族や国家は、現在の政治や外交において永遠に間違い続けるであろう。

しかし、自分を不適応な脱落者であるかのように気取るのはいかにもおおげさであって、思い出してみると、わたしは自他を傷つけ害する数々の愚行を重ねてきたものの、事故に遭って死んだわけでもないし、人に殺されもしなかったし、大掛かりな詐欺にひっかかったこともないし、全財産を失って無一文になったわけでもないし、罪を犯して刑務所に入れられたこともないし、心のどこかで暗黙知が働いていたのか、これまで何となく大過なく生きてこれたのだから、人々に助けられたおかげもあるが、それほど致命的に現実を見失っているわけでもないのであろう。

第六章

でっちあげられた「天孫降臨神話」

眼に飛び込んできた「日本兵の死体の写真」

わたしは敗戦翌年の一九四六年、昭和二十一年、旧制丸亀中学校に入学し、マッカーサーの学制改革によって旧制丸亀中学校が新制丸亀高校になり、同じ学校に六年間通った年代なので、中学生のときだったか、高校生になってからだったかはっきりしないが、これまで何度も述べたように、ある本屋でアメリカ人のジャーナリストが書いた本を偶然開くと、日本兵の死体の写真が眼に飛び込んできてショックを受け、突然、鬱《うつ》状態に陥り、家に帰って寝込んでしまった。このことがわたしの人生を決定した。もしこのことがなかったら、わたしはまったく違った人生を送ったかもしれない。他の人たちにとっては何でもないようなささいなことが本人にとっては決定的な印象を刻む事件というものが誰にでもあるのではないか。

当時、わたしは幻覚や強迫観念にも襲われていたけれども、幻覚は間もなく現れなくなり、強迫観念はその後長く続いて完全にはなくなっていないものの、今ではほとんど気にしなくなっているが、アジア・太平洋における日本兵の死体の写真はその後も無数に見たためか、そのイメージは頭にこびりついてしまったらしく、現在でも、場違いなときにふと浮かんできて、涙ぐむことがあり、周りの人に変に思われないかと慌てて抑えようとする。

戦争中、わたしは軍国少年ではなかったし、戦争には無関心だったし、もちろん、戦場にいたことはないし、日本兵を一人として個人的には知らないし、わたし個人も家族も親戚も戦争で何の被害も受けていない。考えてみれば、昔から絶えることなくいつの時代でも、さまざまな事件や事故や戦争や暴動や犯罪や病気で苦しみながら惨《むご》たらしく死んだ不幸な人々は無数にいるにもかかわらず、その人たちのことはあまり気にならず、わたしの思いは戦争で死んだ日本兵たちに釘付《くぎづ》けになっている。それは、どういうわけなのか、なぜわたしは死んだ日本兵のことがこのように悲しいのか、なぜ日本兵の死体のイメージは今も相変わらず脳裡《のうり》から去らないのか、自分でもよくわからない。

ものごころがついたとき、初めて見たショッキングなものが日本兵の死体の写真だったからであろうか。同じ日本兵でも、日清戦争や日露戦争の死者よりも日米戦争の死者のほうが深く心に突き刺さっている。それは、日米戦争には敗北したので、日本兵たちが命を捨てて戦った目的が挫折したことがとくに悲しいからであろうか。とにかく、死んだ日本兵に対するわたしの思いは普遍的人類愛とか公平無私な人道主義とかに基づくというようなものではなく、きわめて狭い偏った一方的なものであろう。

これは、幼いとき、現場で家族とか親しい人とかが殺されるのを目撃した人が、一生、そのシーンが忘れられないのと同じようなものであろうか。あるいは、わたしは恨みがましくて何かにこだわるとこだわり続けるしつこい性格なのであろうか。

いずれにせよ、日本兵の死体の写真を見てショックを受けてから数十年経った今でも、そのイメージがときおり頭に浮かんでくるので、今さらどうしようもない遠い昔のことをなんでまだクヨクヨと悔やんでいるのかと自分でも不思議であるが、わたしは飽きもせず懲《こ》りもせず、あの日本兵たちはなぜ死なねばならなかったかと、答えが出ないまま考え続けている。というより、考え続けざるを得ないのである。不治の持病の執拗《しつよう》な症状のようなものであろうか。

すでにどこかで述べたことがあるが、あるとき、死んだ日本兵が惹き起こす鬱気分と、母のことを思うと陥る鬱気分とが同じような気分であることに気づいた。初めは日本兵と母というまったく何の関係もないものが同じような反応を起こすなんてどういうことかと不可解であったが、それがきっかけとなって日本兵の死体の写真を見ると鬱状態に陥るのは、おこがましいことながら、自分を日本兵と同一視しているからではないかと思い始めた。当時、わたしは自分が惨めな境遇にあるとは思っていなかったが、無意識的には母との関係において、一方的に母に支配されて自分がないがしろにされていると感じていて、しかし、そのことは否認され抑圧されていたと考えられる。そこで、むごたらしく死んでいる日本兵の写真を見て、ここに自分がいると直観したのではないか。

わたしはやさしい母の庇護《ひご》のもとに裕福な生活をしているつもりであって、飢えて喰《く》い物はなく、傷つき病んで薬品とくに鎮痛剤も麻酔薬もなく見取る人もいなくて祖国から遠く離れて絶望のうちに苦しみながら死んだ日本兵の境遇とは天地雲泥の差があるはずであったが、無意識は事の大小を区別せず、部分的にでも何らかの共通点があれば混同する傾向があるから、無意識において直観的に感じ取っている惨めな自分を日本兵に投影したのであろうか。そうでなければ、あのような強烈なショックを受けるはずがない。そのあと長らく、そのことがわからなかったのは、母との関係に問題があるとは気づきたくなかったからであろう。

無意識的直観は、他者の意見に影響され、先入観に囚われ、希望的観測に引きずられやすい意識的判断よりはるかに真実に迫ることが多い。わたしは日本軍の拙劣な作戦が招いた夥《おびただ》しい日本兵の死体の写真を見てショックを受け鬱病になって寝込んでしまったが、当時、なぜそのようになるのかは意識的にはわからなかったけれども、無意識的には、日本軍の失敗がわたしの人格障害が招く愚かな失敗と同じようなことではないかと直観したのではないか。しかし、そのときにはまだ、人格障害が母との関係に起因しているとは自覚していなかった。

いずれにせよ、日本兵の死体写真のせいで落ち込んでしまったわたしは、日本兵たちはなぜ死なねばならなかったのかを納得のゆくまで理解しなければならなかった。わたしの「なぜ」を理解することと、日本兵の「なぜ」を理解することとが同じ問題となった。わたしが変な症状を惹き起こす基底に現実感覚の不全があり、それは母との関係に起因しているとしか考えられないが、それと同じように、日本軍が拙劣な作戦に陥って負けてばかりいる基底に現実感覚の不全があり、その原因は日本の歴史にあると考えられた。自分を知るためには日本の歴史を知らねばならないことになった。

欧米の一神教に対抗するための「万世一系」

もともと無関係なことを無理やりこじつけて関係づけようとしていると思われるかもしれないが、幼いときに母がわたしをどういう目的のためにどのような人物に育てようとしたかに、わたしの人格障害・現実感覚の不全の起点があり、それと同じように、大昔に日本の国造りをした者が日本をどういう目的のためにどのような国にしようとしたかに、それから千数百年後の対米戦争における日本軍の拙劣な作戦と惨敗の起点があると考えられた。

『古事記』も『日本書紀』も読んだことがないので、よく知らないが、初めにイザナキノミコトとイザナミノミコトがいて、海のしずくか何かで大八洲《おおやしま》をつくり、まぐわひをして天照大神《あまてらすおおみかみ》やスサノオノミコトなどその他多くの神々を生み、天照大神の孫のニニギノミコトが九州のどこかに降臨して、その子か孫か知らないが、その系統の神武天皇が東征して大和を平定し、初代の天皇となり、それ以来、日本では代々その血を受け継いだ天皇の君臨が続いているとのことである。わたしは、乏しい知識を頼りにこの天孫降臨神話は七世紀に朝鮮半島の白村江《はくそんこう》で倭軍が唐・新羅の連合軍に敗北した屈辱を否認するために、それまでにあちこちにあった伝承を資料として天武天皇の頃から始まる奈良時代以降につくられたのではないかと思っている。

ところが、十九世紀に日本は開国を迫る欧米の軍事力の恫喝《どうかつ》に怯《おび》えて七世紀と同じような屈辱を味わわされた。大和朝廷と同じように、幕府そして明治政府も屈辱を否認するために、天孫降臨神話を引っ張りだし、その屈辱否認の路線をさらに強化し、脅威の攻撃者・欧米の一神教の唯一絶対神に対抗するために天皇を万世一系《ばんせいいっけい》の神聖不可侵の神に祭り上げ、大日本帝国の原理とした。恐ろしい敵に怯えた者は敵の真似をするのである。

千数百年前に制作され、近代においてさらに敷衍《ふえん》され拡大された天孫降臨神話、史実ではないことが明らかな神話が現代の日本国民の現実の行動に影響を及ぼしているというのは、いかにも馬鹿げていてありそうになく信じられないと一部の読者が思うのは、無理もないかもしれない。しかし、なぜ彼らはそう思うのであろうか。現代の日本という国の行動は、現代の日本人、政治家・軍人・官僚・経済人・文化人など、要するに、現代の日本国民が決めていると思っているのであろうか。

たとえば、ある犯罪者が詐欺や殺人を犯したのは、彼がお金に困っていたとか、誰かを恨んでいたとかの現在の状況に迫られていたからというのも一因であろうが、それはその場のきっかけというか誘因であって、どれほどお金に困ろうが、どれほど誰かを恨もうが、たいていの人は詐欺や殺人を犯さない。彼が詐欺や殺人を犯すのは、彼の人格構造に基本的原因があり、そういう人格構造が形成されたそもそもの起点は彼の過去、彼がどういう人間関係のなかで育ったか、主として彼の親子関係にある。彼は人格構造が形成される過程のどこかで詐欺や殺人を肯定する観念を学び、身に着けたのである。

この場合、彼の現在の人格構造が形成される場であった過去の状況（親子関係）が現実の状況であったことは必ずしも必要ではない。彼が現実の状況であったと信じている架空の状況であってもいい。彼が信じている架空の過去の状況が、彼の現在の行動に影響を及ぼすのである。その架空の過去の状況を信じたということに、彼の人格を理解するための重要な鍵があるのである。天武天皇の時代につくられたのであろうと、明治時代につくられたのであろうと、日本国民が天孫降臨神話を心のどこかでいくらかでも信じていれば、現在の日本国民の行動に影響を及ぼすのである。

同じように、フロイトは患者の過去と無意識的願望を探る資料として患者が見た夢を利用したが、その場合、それは患者が実際に見た夢でなく、患者が見たと思った夢でも資料として同じ価値があると考えていた。そもそも、夜、眠っていたときに見た夢を朝、目が覚めて思い出したとき、すでにそこに「夢の作業」が働いており、意識にとって辻褄《つじつま》が合うように歪曲されている。過去そのものではなく、想定された過去が問題なのである。

現実をしっかり認識していなかった日本軍

わたしは、日本軍の戦争の記録をいろいろ読んでいて、個々の日本兵は戦意・勇気・自己犠牲精神においては抜群であることには疑いはないが（それだけになおさら日本兵の死は悲しいが）、ド素人のわたしが見ても、日本軍全体としてはあまりにも戦い方が下手なことに、つまり、戦果が少なくて、それと不釣り合いに犠牲が大きいこと（日米の戦いにおいて、日本軍の死傷者よりアメリカ軍の死傷者が多かったのは、真珠湾奇襲を別とすれば、硫黄島《いおうとう》戦ぐらいであって、総合的には、アメリカ兵を一人殺したとき、日本兵は二十人以上殺されている）にいささか驚いて、すでにうるさく主張したように、もしかりに、日本が軍事力・経済力・工業生産力などにおいてアメリカに劣っていなかったとしても、日米戦争には勝てなかったに違いないと考えている。

当面の理由はいろいろある。もちろん、日本は開戦に引きずり込まれるまでに、これ以上はもう我慢できないという気にならざるを得ないほどのアメリカの恫喝と侮辱があったし、経済的にも追い詰められていたことは確かであるが、しかし、それだけでは日米戦の勃発と日本の敗北のすべてを説明できないであろう。そういうことはきっかけに過ぎず、基本的には、そもそも日本がアメリカに戦争を仕掛けたのも、個々の戦いにおいても戦争全体においてもアメリカに負けたのも、アメリカ側の原因はさておき、日本側の原因として、日本が基本的には現実感覚が不全だったということがあり、同じことだが、不都合な現実を隠蔽《いんぺい》するということがあった。

両者が同じことだというのは、要するに、不都合な現実を隠蔽するのは、あたかも隠蔽すれば不都合な現実が消えてなくなるかのように、消えてなくならないまでも無視して差し支えないほどささいなことになるかのように思っているからである。そのように思うことができるのは、現実感覚が不全だからである。現実が現実としてしっかりと認識されていないからである。日本軍部は作戦が失敗し戦闘に敗北したとき、日本兵は強い、日本軍は不敗であるとの神話を維持するためか、あるいは、作戦を計画し指導した同僚のエリート軍人の責任を不問に付しその名誉と地位を守るためか（何の責任もない末端の下級将校に自決を迫ったりするが）、あるいは、国民の支持と戦意を殺《そ》ぐのを恐れてか、あるいは、むなしい希望でも持っていたいからか、いずれにしても、事実を直視せず、その原因を究明せず隠蔽しようとするので、当然のことながら、同じような失敗が再発するのを防ぐことができない。これでは、勝てるはずがないではないか。日本軍は、個々の戦いに敗北するたびに敗北の原因を隠蔽したので、戦争が続けば続くほどますます現実感覚が狂ってきて、ますます戦い方が下手になった（例外として、サイパン戦での水際作戦の失敗を戦訓として、ペリリュー島戦・硫黄島戦では地下壕《ちかごう》作戦に切り換えたが）。

日本軍の戦略・戦術・作戦の失敗の多くが彼を知らず己を知らず、当時の世界情勢・彼我の軍事力と国力の差異などに関する冷静で客観的な判断力を欠いていて、勇気さえあれば、現実の不利な条件など克服できると信じることができるほど、現実を軽視ないし無視したためであったことが否定しようもなく明らかである。問題はなぜ日本軍は現実が見えていなかったのかということである。

敵を知らない、知ろうともしないという日本軍の病いは膏肓《こうこう》に達していて、動員した日本軍将兵が勝つことができる程度に当面のアメリカ軍の兵力を過小評価するなんてことは朝飯前というか、いつものことで（ガタルカナル作戦）あったが、アメリカの現有の軍事力だけでなく、その背後の工業生産力のことはどう思っていたのであろうか。

主観的心情が大事で、客観的現実は軽視する傾向

日本軍部の現実認識が最も狂っていたのは、彼我の戦意に関してであった。日本兵の戦意をいかなる困難も乗り越えることができるほど確固不抜だと過大評価する一方、アメリカ国民は民主主義だから、国のために死ぬなんてことは嫌がっているはずで、しょっぱなにドカンと一発かましておけば適当な条件で講和に応じるであろうとか、アメリカ人はジャズを聞いて踊っている遊び好きの享楽主義者だから戦争を好まないだろうとか、何を根拠にそんなことを信じていたのであろうか。アメリカを甘く見て舐《な》めてかかるにもほどがあった。

わたしに言わせれば、世界史に稀《まれ》な二百数十年の平和な江戸時代を過ごしてきた日本こそ基本的には戦争を好まない平和主義国家であって、恨みがましいことを卑しみ、過去の恨みは水に流して忘れようとする文化を伝統とするおとなしい民族であるが（近代日本が軍国主義国家になったのは、ペリーの侮辱と恫喝があまりにもひどかったために一時的に狂っただけだと思

うのは我田引水に過ぎるかもしれないが)、先住民をどう扱ったかに典型的に示されているように、アメリカの建国以来の歴史を知れば、アメリカは世界史に稀なほど好戦的・攻撃的で恨みを忘れない国民であることがただちにわかるであろうに、陸士海兵・陸海軍大学校では何を教えていたのであろうか。近代日本の軍人たちはアメリカの歴史については何にも知らなかったのであろうか。それとも、都合の悪いことは無視したのであろうか。

開戦の決断に関しても爾後《じご》の戦略に関しても当時の大本営・軍令部・参謀本部などにいた軍の指導者・司令官・参謀などが視野狭窄《きょうさく》で愚かであったというのはすぐ思いつく理由である。しかし、彼らは陸士海兵・陸海軍大学校を優秀な成績で卒業したエリートであった。エリートたちがなぜ愚かな戦略・作戦を思いついたのか。彼らは、強大なアメリカと戦わねばならないということで、過度に緊張し、そのため焦り、あがいて冷静な判断力を失っていたのであろうか。普通に戦ったのでは勝てないと思い込み、つねに非常時と心得て最大限にがんばって最善を尽くさねばならない、窮鼠《きゅうそ》が猫を嚙《か》むように、つねならぬ火事場の馬鹿力をつねに発揮しなければならないと、つねに無理に無理を重ねたため、結局、無理が破綻したのであろうか。兵士を最大限に働かせようとして捕虜になってはいけない、死を恐れてはいけないなどと困難なこと、不可能なことを兵士に強いたため、それが逆効果を招いて作戦計画を狂わせたのであろうか。

これらのこともそれぞれ日本軍の敗因であったと考えられるが、希望的観測に引きずられたこれらの非現実的思考を非現実的だと感じ取り、そのようなことを言っても実際にはうまくゆかないよと、立ち止まって冷静に反省する現実感覚に欠落があったということが根本的原因であろう。現実的・客観的な見方をすればあまりにも見通しが暗くて、希望的観測に縋《すが》る以外にいささかでも勝利の希望が持てなかったのであろうか。

作戦の成否、戦闘の勝敗は敗北の可能性にどれほど対処しているかによって決まる。自軍が敗北するさまざまな可能性をあらゆる面から把握して、どのようにすればそれらの可能性を一つ一つ潰《つぶ》してゆくことができるかを検討したのちに作戦の実行に移るべきであるが、その余裕がなかったのか、日本軍においては、まさにその逆をいっていて、言霊《ことだま》信仰というか、受験生の前では「落ちる」とか「滑る」とかの言葉を使うのは不吉とされているように、負けることを考えると負けることになるという奇妙な信仰があって、作戦会議においても、その兵力では勝てないとか、補給に不安があるとかの慎重論を説く者は臆病者とか卑怯《ひきょう》者とか言われて退けられ、必勝の信念をもって断固として戦えば必ず勝てると主張する者の強気の意見が通ることになったと聞いている。戦うことに慣れていないので、絶対に勝てると信じていなければ、戦う元気が出なかったのであろうか。

そのようなことになるのは、主観的心情に重点をおいて客観的現実を軽視する傾向があるからだと考えられるが、このような傾向に引きずられた軽率な意見が、さまざまな人たち（なかには賢明で冷静な人も）がいるであろうにもかかわらず、作戦会議などで最終的に勝ちを占めるのは、日本文化の基本的構造にこの傾向が組み込まれているからではないか。その構造のおおもとの起源は、日本という国が原初においてどのように形成されたかということにあるのではないか、とわたしは考えている。

白村江での惨敗、という屈辱を隠蔽したかった日本

それ以前にも列島のあちこちに豪族がいて、そのなかで「やまと」（邪馬台国）とかがいちばん大きかったらしいが、さきに述べたように、国家らしい国家としての日本の建国は、七世紀に白村江において倭軍が唐・新羅の連合軍に惨敗したことをきっかけとしているのではないかと考えられる。今から千数百年前のこの事件（この事件を当時の日本人がどのように把握したか）が現在の日本人の行動に決定的影響を与えているというわたしの説を、まさかとんでもないと受けつけない人は多いであろうと思われるが、わたしの説の根拠となる考え方は史的唯幻論に基づいている。

史的唯幻論についてはこれまで何度も説明しているが、要するに、人間は本能が壊れているので、蟻《あり》や蜂《はち》のように本能に基づいてではなく、恣意《しい》的・人為的に形成し獲得した諸観念を材料として世界を構築し、それに基づいて社会を築かねばならない。動物はそれぞれの本能に基づいてどのように世界を構築し知覚するかが決まっているが、本能が壊れた人間はそれぞれの

世界を後天的に人為的に構築しなければならない。それは個人の場合も集団（民族や国家）の場合も同じである。

その構築は何らかの衝撃的事件をきっかけとして始まり遂行される。その構築のとき（国家なら建国のとき）、資料として存在する諸観念がどのようなものであるか、それらのうち、どのような観念が否認（隠蔽・歪曲）されるか、どのような観念が採択されるか、それらの観念は現実に基づいているか空想の産物か、採択されたさまざまな観念がどのように構成されるかによって民族や国家の構造が決定され、それが伝統となる。その構造は、その後の民族や国家がどのような歴史を歩むかに重大な影響を与える。それは、歴史が展開される過程で起こったさまざまな事件に影響されて多かれ少なかれ修正されることはあるが、時代を経ても基本的には維持される。

さきに指摘したように、七世紀後半、倭軍が唐・新羅の連合軍に惨敗したとき、倭国は天孫降臨神話をデッチあげることによって、この屈辱的事件を隠蔽した。それから、倭国は日本と称するようになった。

このとき日本は、屈辱的現実を容認し、現実に適応しようとする外的自己と、屈辱を否認し誇りを保とうとする内的自己とに分裂した（それ以前にも、先進文明の中国との関係において、そのような外的自己と内的自己の分裂の萌芽はあったであろうが）。それ以来、この分裂は、日本の歴史を規定し続けて現在に至っており、好ましくない現実を否認することが日本という国の基本的な構造的習癖となったのではないか。もちろん、極端な現実否認の状態にとどまっていたら国家としての存続が危うくなるので、なるべく現実適応の方向へあれこれ修正されてきたであろうが、危機的状況に直面し、緊張を強いられたときには、そのような妥協的糊塗《こと》策は剝げ落ち、この分裂が露呈してくるのではないか。たとえば、次のような歴史的事件は外的自己と内的自己との分裂に起因する典型的事件と考えられる。

白村江への派兵は遣隋使・遣唐使などに見られる対中国従属の外的自己に対する内的自己の反動であると考えられる。そのあとの壬申の乱は、白村江の戦いで唐に敗北し唐を恐れ唐を模する体制をつくろうとした天智天皇系の近江朝の外的自己に対する、日本を神の国とする天武天皇と彼を支持する地方の豪族の反逆であった。しかし、内的自己へと傾いた奈良時代の天武天皇体制に対する揺り戻しがきて、また唐の制度や文化を学ぼうとする外的自己が復活して平安時代となった。

平安時代も初期が過ぎると、またまた反動が起こり、遣唐使が突然中止され、国風文化を重んじる内的自己が優勢となった。するとまた反動が起こって、平安時代の末期、平家は外国との関係を重視して日宋貿易を振興した。源平の合戦は、外的自己の平家と、外国を無視する誇り高い内的自己の東国の田舎武士の源氏との争いであった。源氏を引き継いだ鎌倉幕府の北条氏は、当時、西ヨーロッパまで征服していた大帝国の元に挑んだ、断固たる内的自己派であった。

鎌倉幕府を倒した室町幕府は、逆に、外的自己派で、日明貿易で大儲けした。外国へと開かれた室町幕府に支持された外的自己の北朝と、古来の天皇親政に固執する内的自己の南朝とは水と油であった。中央集権的政体を樹立し、朝鮮に侵略し明まで征服しようとした外的自己の豊臣政権と、各大名の地方分権を認め国を閉じようとする内的自己の徳川政権が関ヶ原で天下分け目の戦いをした。江戸時代の思想界において漢学と国学が対立したのも、幕末にペリーの脅威を受けて国論が佐幕開国派と尊皇攘夷派に分裂したのも、日米戦争の前の親米派と開戦派とが対立したのも、古代以来、日本歴史を貫いている外的自己と内的自己との対立・分裂の現象と見ることができよう。

真珠湾奇襲は屈辱を否認する「内的自己」の爆発だった

幕末にペリーに恫喝されて開国を強要されるという未曾有《みぞう》の衝撃的事件にぶつかって、それまでの現実適応への修正の努力の効果が剝げ落ちてしまい、日本は一種の退行現象を起こした。明治政府は「諸事神武天皇創業の古（いにしへ）に復する」王政復古をスローガンにしていたが、それは要するに、昔に戻るということであり、昔に戻るとは、かつての白村江での屈辱的敗北の隠蔽、すなわち、現実否認の体制に戻ることである。かくして、現実否認・現実隠蔽の政策がまた改めて明治政府、ひいては大日本帝国の出発点となった。

それは、当然、近代日本軍に引き継がれた。近代日本は、弱小であった初めのうちは、欧米諸国に調子を合わせていくらか現実的に振る舞っていたが、軍事力を獲得し世界の強国にのしあがるにつれ、ホンネがムキ出しになり、抑えられていたペリーの恫喝と侮辱に対する怒りが噴き出し、ハル・ノートをきっかけとして、ついに真珠湾を奇襲した。

真珠湾奇襲は、アメリカに適応しようとする親米派の外的自己に敵対し、外的自己を拒否しようとする内的自己の爆発であった。そのとき、底流にあった内的自己の現実否認・現実隠蔽の基本構造が露呈したのではないか。歴史は切れ目なくダイナミックに続いてきているのである。

日本が大東亜戦争に敗北した原因については多くの人が考察している。わたしもその後塵《こうじん》を拝して、すでに述べたように、軍部の組織的欠陥や指揮官や参謀など軍人個人の視野狭窄などさまざまな原因をあげている。しかし、それだけでは十分な説明とはならないであろう。もう一度繰り返すが、それらのすべての原因に共通し、その前提となっている第一の根本的原因があり、それは現実感覚の不全・不都合な事実の隠蔽であり、それが日本軍の戦略・戦術・作戦を貫いており、その拙劣さを招いた。その起源は天孫降臨神話にある。

個人の場合も同じである。わたしの人格障害・不適応はわたしの現実感覚の不全・不都合な事実の隠蔽のせいであって、その起源は母との関係の正当化・神聖な母性愛の神話にあり、わたしの場合、それはなぜかと考えに考えて、その起源を突き止め徹底的に理解するようになるまでは不適応な行動のためにどれほど被害を被っても、それをどれほど改めようとあがいても意志の力で改めることはできなかった。

さっき例にあげた詐欺や殺人を犯す犯罪者も人格形成の過程で獲得した、詐欺や殺人を肯定する観念を無意識の底から引き摺《ず》り出し、明るみに晒《さら》して徹底的に洗い直し、検討し反省し批判して克服するということをしなければ、詐欺や殺人を心から悔いて自ら進んでやめることはできないであろう。それは、不可能ではないが、難しい作業であろう。しかし、厳罰や監視や強制だけでは、それが緩んで何かきっかけがあればついまたやってしまうということになり、再犯を防ぐことはできないであろう。

常習的詐欺師は、おそらく、親の愛情や保護が得られず、嘘《うそ》をついて親を騙《だま》したときやっといくらか愛情や保護のようなものが得られた境遇に育ったのかもしれない。彼は、おとなになって、詐欺に成功したとき、それで得た現実の利益よりも、人を騙すことができたことそれ自体に自己実現の喜びを感じるであろう。それは、彼にとって、ほかのいかなる喜びにも代え難い無上の喜びであろう。また、彼は、彼の詐欺の惨めな被害者に、幼いとき、めったに親の愛情と保護にありつけなかった惨めな自分を投影し、被害者を操って支配した自分をその上において過去の自分を克服し、打ち勝った優越感に浸るであろう。この構造が変わらなければ、どれほど厳罰に処そうが、彼が詐欺をやめられるわけがない。

皇国史観と東京裁判史観はともに隠蔽史観

翻《ひるがえ》って、日本も、大東亜戦争へと駆り立てて敗北を招いた日本文化の、天孫降臨神話以来の構造について同じような徹底的な洗い直しの作業を遂行しなければ、すなわち、歴史を知らなければ、国家の構造を改めることはできない。したがって、また同じような失敗を犯すのを避けることはできない。

日本国家が構造的に内的自己と外的自己とに分裂していることは、つとにわたしがうるさく指摘していることである。この分裂は日本が国際関係において外国の脅威に晒されたときに、とくに顕著に露呈する。内的自己も外的自己もともに自己の現実の一部である。いずれも、自己（国民）の一部の要素の誤信や妄想に支えられて一時的に姿が錯覚された泡沫《ほうまつ》のようなものでは決してなく、自己のうちに確固とした根拠がある。したがって、両自己が分裂している限り、どちらかが否定されている限り、日本はおのれの存在の半分を失っているわけで、誇りを失うか、現実感覚の不全に陥るかのいずれかにならざるを得ない。

敗戦以前、とくに日米戦争中は、内的自己が意識を支配し、外的自己は抑圧されていた。大日本帝国を支えていたのは内的自己であった。内的自己によれば、米英はアジアを侵略し植民地化し搾取する鬼畜であり、日本はアジアを解放するために、東洋平和のために「天に代わりて不義を討つ正義」の国であった。内的自己に基づく皇国史観は日本人のプライドとアイデンティティの拠りどころであり、日本国家の使命と存在価値を定めていた。だからこそ、日本軍は対米戦争において玉砕を厭《いと》わず、特攻隊をも繰り出してまで必死に戦ったのである。

個人と同じく国家も存立するためにはプライドとアイデンティティが必要不可欠である。日本が誤ったとすれば、それは、皇国史観をその拠りどころとしたことであって、プライドとアイデンティティを維持するために戦ったことではない。ところが、そのことが多大の惨禍を招いたために、敗戦後の日本はあたかもプライドとアイデンティティを捨てることが平和と繁栄への道であるかのように錯覚している節がある。また、皇国史観も全面的に間違っているわけではなく、どの点を維持すべきか、どの点がおかしいかを検討すべきである。

日米戦争は惨敗という結果に終わったが、内的自己の表明であり、日本という存在の現実の一部の具現であったことは間違いない。しかし、外部世界の状況を判断する外的自己が抑圧されていたため、日本軍の戦略や作戦は現実離れした拙劣なものとならざるを得なかったのである。

そこで、反動が起こって敗戦後は逆の極端に走ることになった。今度は、内的自己が抑圧されて外的自己がのさばることになった。日米戦争は愚かな軍部が国民を騙し強制して始めた未曾有の愚行だということになり、皇国史観に代表される、日本国民が日米戦争に込めたすべての思いは単なる妄想・迷信・誤信だということになった。そして、日本は、アジア支配の野望に駆られてアジアを侵略した帝国主義国家であり、アメリカは普遍的な自由と民主主義に基づいて世界の秩序を維持する正義の国である、という東京裁判史観が正しいということになった。アメリカ軍は日本国民を暴虐な軍国主義者から解放した解放軍ということになった。少なくとも、タテマエではそういうことになっている。

敗戦後の日本はそういうタテマエで世界のなかで辛うじて生存することを許されているらしいが、しかしまた、敗戦後の日本も戦前とは方向は逆であるが、タテマエに反する一部の現実の同じような否認・隠蔽・歪曲に基づいている点では同じなのである。皇国史観は日本の好ましくない面を、東京裁判史観は日本が依存するアメリカの好ましくない面を否認し隠蔽し歪曲している点では同類の、現実感覚不全史観・隠蔽史観である。

ある企てが挫折して大損害を被ったとき、その企ては全面的に間違っていたと考えがちであるが、その企てを計画し実行したとき、それを支えた根拠があったはずで、その根拠に基づくその企ては正当で必要であると思ったはずである。すなわち、その企てには少なくとも一部の正当性・必要性があったはずである。それをことごとく否定して無意識へと抑圧し、正反対の企てに走ると、そのうち、抑圧されていた一部の正当性・必要性がぶり返してきて、正反対の企てを背後から不安定にし挫折させるであろう。この場合、ふたたび挫折することを防ぐためには、かつての企てが挫折した原因を見逃さず徹底的に認識し克服するだけでなく、それと同時に、かつての企てを支えていた一部の正当性・必要性を否定することなく、くまなく組み込んで新しい企てを構想する必要があるであろう。

アメリカのイコールパートナーという自己欺瞞

戦後の日本は、政治的・経済的・軍事的にアメリカに隷属している属国であり、アメリカのご機嫌を損ねまいと汲々《きゅうきゅう》としているが、その事実を隠蔽して、対等な同盟国・独立国・イコールパートナーであると自己欺瞞《ぎまん》している。

敗戦を終戦、占領軍を進駐軍と言い換えたのが戦後の自己欺瞞の始まりであった。この自己欺瞞は日本国民が自尊心を失った状態に安住することを可能にしており、それが否認し隠蔽しようとしている好ましくない事実を実際には逆に温存し強化している。好ましくない事実を否認すれば好ましくない事実が消滅してくれるのであれば、これほど旨い話はないが、しかし、個人に関しても集団に関しても、歴史が示しているように、現実隠蔽・自己欺瞞は、必然的に精神の変調を招き、想像も及ばないような甚大な被害をもたらし、いつかは必然的に破綻するのである。戦後日本も現実否認に基づいている点では大日本帝国と同じであり、そのうち必然的に自滅に至るであろう。

戦後日本は、日米開戦以後のことに限ってみても、アメリカの日本に対するかずかずの不当な行為をあたかもなかったかのように、もしあったとしても、あたかも不当な行為ではなかったかのように振る舞っている。日本政府は、現在の対米屈従は決して心から喜んでやっているわけではなく、戦後世界に適応するために止むを得ない一時の便法に過ぎないと思っているかもしれないが、そういうことはやっているうちに慣れてきて感覚が鈍麻し、日本政府の自動的な基本方針になってしまい、知ってか知らずか、日本を取り返しのつかない汚辱と腐敗に追い込んでいる。

ハル・ノートは日本を対米宣戦布告へと追い詰めたが、アメリカには日本を追い詰めた自覚はないであろう。日米開戦の責任はハル・ノート（およびハル・ノートを支えたルーズベルト大統領）と日本軍部のどちらにあるか、よく考えてみなければならない。日本が愚かだったことは否定のしようがないが、一部の者を除き、軍事力・経済力・工業生産力が格段に劣る日本が大いなる希望に燃え喜び勇んで戦争を始めたわけはない。

アメリカ空軍は八月十五日の朝まで本土空襲を止めなかったが、若者のほとんどは前線へと駆り出されていたので、女子供と老人しか残っていなかった日本本土の都市のほとんどを焼け野原にした空襲は、非軍事地域の非戦闘員の虐殺であり、明らかに戦争犯罪であった。

日本の敗北は決定的となっており、アメリカが勝つためにもはや不要であったにもかかわらず、原爆を投下したのはなぜか。戦争が継続され、本土決戦が実行されれば、日本人は百万人、アメリカ兵は十万人が犠牲になるから、それを避けるためという正当化は成り立たない。アメリカは敵対した生意気な日本を根こそぎ破壊したかったのである。アメリカの存立のために原爆を使うことは何ら必要ではなかった。原爆を使ったのは愚劣・傲慢《ごうまん》にして残忍なサディズムに動かされたのである。それ以前から明らかであった日本側の最低の降伏条件を認めさえすれば、日本は原爆を落とされなくても降伏したはずである。アメリカは日本のそのような降伏では満足できなかったというだけのことである。アメリカは日本を徹底的に破壊したくて日本の降伏を遅らせようとしていた。

アメリカ人は原爆投下を、日本が先に真珠湾奇襲という卑劣な騙し討ちをしたことに対する報復であるとして、もし日本がそのような卑劣なことをしなかったら原爆投下をしなかったと言いたがっているようであるが、アメリカ大陸の先住民は、イギリスから来た植民者が飢えと寒さで絶滅しかかっているのを助けた。アメリカ人はそのことを忘れたのか、そのあと先住民を大虐殺し、その土地を奪った。このことからも、相手が先にひどいことをしたから、その報復としてこちらもひどいことをすることになったというアメリカ人の正当化は成り立たないことがわかる。

東京裁判は、事後法に基づき勝者が敗者を裁くというとんでもない違法行為であり、なぜアメリカが東京裁判を強行したかを問題にすべきである。アメリカ人が自己満足し、日本人の誇りを奪い、侮辱する以外に何の役に立ったのか。

現在の日本のことを考えてみると、敗戦後七十年以上経ったにもかかわらず、いまだにアメリカ軍の占領が続いているのはいかにも異常である。この異常事態そのものよりさらにはるかに異常なのは、乞食は三日やったら止められぬと言われるが、日本国民が沖縄の住民を除いてこの事態を異常とは思わなくなってしまっていることである。この事態は、まともに直視すれば、はらわたが煮えくり返るような屈辱的事態であるが、さっきも言ったように、日米同盟とかイコールパートナーとかごまかして自尊心を抑圧しているのであろう。

初めから何の戦果もあげることなくすぐ撃沈されることがわかりきっていた戦艦大和の最後の出撃が典型的な例であるが、さきの日米戦争において日本軍は現実的目的のためというより自尊心を守るために必死に戦ったのである。しかし、その結果あまりも甚大な被害を被ったため、その反動で逆の極端に走り過ぎ、自尊心を失っても気にしないことに決めたかのようである。

無意識へと抑圧された「アメリカへの怒り」

一般論として考えてみよう。AはBより圧倒的に強かった。AはBを恫喝し侮辱しBに不本意なことを強要した。Bはやむを得ずAに従ったが、長い年月をかけて力を蓄え、機会を捉えて、Aに死にものぐるいに反撃した。Bは弱者のくせに身の程知らずの生意気なことをしやがるとAは大いに怒り、おれの恐ろしさを知らないのかと、Bを残酷に懲罰し支配した。BはAにはかなわないことを悟り、その後、Aに服従し、Aの支配下におかれることに甘んじているが、はらわたが煮えくり返るほどＡを恨んでいる。このような事態において、Ｂはどうすればいいか。いちばん安易なのは次のような対策である。

Ａに嫌われ憎まれては生きてゆけない現実を踏まえて、Ａとの友好関係を維持すること、言い換えれば、Ａに気に入られることを最優先する。そのためには、Ａを恨んでいるということは妨げになるので、Ｂは事実を否認し、Ａの恫喝や侮辱などはなかったことにしようとするが、その事実そのものを否認することができないので、その事実の意味をすり替えて、それが恫喝や侮辱だったというのは誤解であって、実は善意からの行為であったとか何とか理屈をこじつけて正当化する。そうすることによって、Ａへの恨みを抑圧し、Ａを恨むなんてとんでもないことであると自己欺瞞をしてＡに対しては心から好意と信頼と尊敬を抱いていると思い込む。

このような対策をすれば、一応の表面的な安心と安定が得られるであろうが、いろいろ問題が起こる。Ａの不当な要求が不当であることを否定するか、または不当な要求を正当化して容認することが慣例化するから、Ａにはそれが当たり前のことになり、ますますさらに不当な要求を突きつけてくるようになる。しかし、Ｂはいまさら拒否することはできず、屈辱の恨みが積もるが、Ａを恨むなんてとんでもないことになっているので恨みは抑圧されて、Ａに対して発散されることがない。発散されない恨みは八つ当たり的にあらぬ対象にぶつけられ、無関係な者が傷つけられることになるか、または内向してＢは鬱病になる（内向した攻撃性が鬱病の原因になるのは精神医学が示すところである）。

Ａの不当な要求を不当と認めない現実否認が習性となり、現実否認がＢの精神全体に波及して、Ｂの現実感覚が狂ってくるため、Ｂは現実世界への適応能力を失う。また、Ａの恫喝や侮辱に屈し、不当な要求を容認していることを、Ｂは意識的には否定しているとしても、心のどこかでは感じているから、プライドは傷つき、アイデンティティは揺らぐので、Ｂは人生が無意味に見えて、自分とは何者なのか、自分は何のために生きているか、どう生きればいいのかわからなくなる。

このような悲惨な事態から脱出するためには、ＢはＡに反逆し、Ａを攻撃するしかないと思ってみたりするが、ＡはＢより決定的に強いので、Ａを攻撃すれば、Ｂはなおさら悲惨な事態に落ち込むことがわかっているので、攻撃したくても攻撃できない。

以上が日米関係の現状である。ペリー来航以来の屈辱の恨みを晴らし、傷ついたプライドを回復しようとして危険を承知であえて踏み切ったのが真珠湾奇襲であった。すでに何度も強調したように、だからこそ、玉砕とか特攻隊とか想像を絶するような絶望的手段にまで訴えて必死に戦ったのであるが、それがなおさら悲惨な事態を招いたことはご存じの通りである。この事態において、日本人の内的自己は、当然のことながら、戦前よりさらにいやまして戦後は、アメリカに対してはらわたが煮えくり返るような怒りを感じているはずであるが、しかし、怒りは外的自己が結んでいる友好的な日米関係を乱すため、深く無意識へと抑圧されている。

深く無意識へと抑圧されたそのような怒りが日本人の精神内で毒素となって、数々の見苦しい不幸な事態と事件を起こしているが（政府は国際関係においてどうすればいいかいつも自信なく迷っている。アメリカの言う通りにすればいいと思っているのか、自分の判断がない。政府や官僚の隠蔽体質、国民の高い自殺率、鬱病の蔓延《まんえん》、ヘイトスピーチ、子を虐待する親、子供のいじめなどは、この事態が招いている症状ではなかろうか）、今の日本人はその真の原因を心のどこかでは薄々と知っているのだが、おおっぴらにはっきりとは知りたがらず、わざわざ見当違いのところに原因を探すので、いくら探しても見つからない。見つかるはずがない。

アメリカに対する怒りを抑圧して屈従するのは、このように日本人が日本人であることの誇り、日本人が日本人として存在する価値と意味を失わせ、目先の物質的・金銭的利害など問題にならない計量不能の大被害を国としての日本にも個人としての日本人にも与えているが、これも日本人はなるべく見まいとしている。

しかしまた、アメリカに対する怒りを抑圧するのは甚大な害があるといっても、逆に怒りに無批判に駆り立てられて鬱憤晴らしのようなめくら滅法の攻撃に走るのも最大に愚かであろう。日本は、かつてそのような鬱憤晴らしに走ってとんでもない悲惨な目に遭ったので、今、いささか羹《あつもの》に懲りて膾《なます》を吹いているきらいがある。

また、アメリカも日本に恨まれていることを知らないフリをしながら知っているので、日本に対する警戒を怠ることなく、アメリカの安全のため日本の占領を続けている。

他国の怒りに鈍感なアメリカに議論を吹っ掛けるべき

ところで、日本は善意の被害者であり、アメリカと出会ったのが日本の不運であって、すべてはアメリカだけが悪いのであろうか。

では、どうすればいいのか。まずこの怒りをそれなりの根拠がある現実に存在する現象として冷静に認識すべきである。その上で相対化し考察し検討し、その根拠はどれほどの正当性があるか、不当なところはないかをこれまた冷静に判定し、その成果のすべてをアメリカに率直に表明し、根気よく議論すべきである。日本はアメリカに対してそのような議論を提案することができるであろうか。もし、日本が提案したら、アメリカは応じることができるであろうか。アメリカが応じないとしても、日本としては議論を吹っ掛けるべきである。

真の友好関係と偽りの友好関係との違いは明らかである。相手に対する不満・疑問・怒りなどを自由に心おきなく表明できるのでなければ、そもそも真の友好関係は生じ得ない。表明されない不満・疑問・怒りは積もり積もって、黙っていると、怒りの毒素で腹が膨《ふく》れ、精神衛生によくない。いつかそのうち相手に対して爆発しかねない。現在の日米の友好関係が本物であるか偽物であるかは言うまでもない。まさかと信じがたいが、アメリカ（少なくともアメリカ人の多く）は、原爆を落とされた日本が恨んでいるとは気づかず（日本があたかもアメリカを恨んでないかのようなフリをしているからでもあるが）、日本が占領下のアメリカの教育と宣伝によって、昔の鬼畜米英の観念が大いなる誤りであったことを悟り、アメリカが正義の国であることを理解し承認して友好国になったと思っているらしい（本当にそうかどうかは疑わしいが）。

日本占領の成功はアメリカ人が誇りとする歴史の輝かしい一ページであって、このことからもわかるように、アメリカは、アメリカに対する他国・他民族の不満・疑問・怒りに鈍感で無感覚な国である。それには建国のときの歴史的背景に根拠があって（さっきも言ったように、アメリカは友好的に迎え入れてくれた先住民を大虐殺し、その土地を奪うことによって建国したのであるが、そのことを正当化するため、被害者の心情に配慮するのを自らに禁じることを文化的伝統とせざるを得なかった）、それは天皇制が日本の國體《こくたい》であるように、いわばアメリカの「國體」（プライドとアイデンティティ）であり、容易には変わらないであろうから、アメリカとはそのことを心得て付き合わなければならないが、諦《あきら》めずにそのことをアメリカに指摘し続けることは必要である。アメリカにも心ある人がいないわけはない。

戦後何十年経っても、アメリカの対日政策には日本を軽んじているとしか思えないところがしばしば見られるが、確かにそのせいである場合もあるものの、そうではなくて単に鈍感さのゆえである場合もあり、その場合は、そのことをアメリカに指摘すれば、ああ、そうかと気づいて素直に改めることもある。文句を言えばアメリカが気分を害するのではないかと忖度《そんたく》して黙っていると、アメリカはそれでいいのかと思ってしまう。

ところで、アメリカへの怒りばかりを問題にしているが、アメリカに劣らずソ連（ロシア）も第二次大戦において日本に対して多大の犯罪的行為を犯した。

ソ連（ロシア）は日ソ中立条約を一方的に破り、敗色が濃く戦力・戦意をほとんど失っていた日本の弱みにつけ込んで卑劣にも突如宣戦し、日本がポツダム条約を受諾して連合国に降伏したあとも攻撃を続け、北方領土を占拠し、本来なら死なずにすんだ軍民併《あわ》せて二十万人の日本人を殺害し、あまつさえ、国際法上ただちに本国へ帰すべき、降伏した六十万人（もっと多いとの説がある）の日本兵を不法にもシベリアに抑留して過酷な強制労働をさせ、その一割を飢えと寒さと過労で死亡させた。

当然、日本人はソ連（ロシア）に対しても大いに怒っているが、わたしがもっぱらアメリカに対する怒りを問題にするのは、日本がアメリカの支配下にあり、怒りが抑圧され否認されているからである。これまで指摘してきたように、抑圧された怒りは、本人の精神の中で恐ろしい毒素となり、知らず知らずのうちに世界認識を狂わせ、本人を錯誤と愚行に追い込む。しかし、日本人はソ連（ロシア）がこの上なく卑劣であったことをちゃんと認識しており、ソ連（ロシア）に迎合する気はなく、嫌われることを恐れていないので、ソ連（ロシア）に対する怒りはおおっぴらに表明できるから、少なくとも毒素にはならないのである。

朝鮮もロシアも中国も、日本に怒っているだろう

加害者の諸外国に対する被害者の日本人の怒りについて考えてきたが、日本人が加害者で諸外国・諸民族が被害者である場合もあることを忘れてはならない。

朝鮮（韓国）は、古来、日本に対して何らひどいことをしたことはないのに（高麗が元寇に際して兵員の参加や船舶の製造でモンゴルにいくらか協力したが、強要されてのことであった）、昔は豊臣秀吉に二度も侵略されたが、近代にまた日本に植民地化されてプライドを傷つけられ怒っているであろう。ロシア革命のときの混乱につけ込んだ日本軍のシベリア出兵はソ連（ロシア）にとって憤懣《ふんまん》やる方なかったであろう。シベリアに出兵をした諸外国のうち、日本はいちばん多くの兵員を派遣し、いちばん長く駐留したのである。その際、住民を二百人ほど殺害したそうである。

とくに、中国は、歴史的に日本に文明と文化を伝えた先進国だったのに、近代になって急に軽視され侵略されて怒り心頭に発しているであろう。真珠湾を奇襲したのは日本人としては止むを得ない理由があったが、そういうことは視野の外にあるアメリカ人は何の謂《いわ》れもなく突然攻撃されたと思っているであろうから、怒髪天を突く思いだったであろう。

だいたい、怒っている本人は、興奮して感情的になっているから、反省する余裕なく自分の

怒りは正当な根拠がある、義憤であると思っているものである。確かに疑う余地がない当然の怒りである場合もあるであろうが、人間はともすれば、誤解、言い掛かり、なすりつけ、逃げ口上、責任転嫁、誇大宣伝、被害妄想などに陥りがちであるから、怒りの根拠が疑わしく不当な場合もあり、日本の怒りに関しても、日本に対する諸外国の怒りに関しても、そのいずれであるか、時間をかけて冷静に真実を見極め、正当な部分と不当な部分とを取り違えないようにする必要がある。

第七章

善意の加害行為

なぜ近代ヨーロッパ人は、かくも残酷で攻撃的だったのか

わたしは日本が大東亜戦争に敗北したのは、日本の現実感覚の不全のためであると考えているが、では、この戦争で日本が相手にしたアメリカとヨーロッパはどのような国だったのであろうか。江戸時代の二百数十年、日本は対外戦争もなく、内乱もほとんどなく世界史に稀《まれ》なほど長く平和に過ごしてきたが、近代に欧米諸国の脅威を受けて、明治時代になると、急にほぼ十年ごとに戦争を繰り返す軍事国家に変じ、日清・日露の両戦役には勝ったが、ペリー来航の八十八年後には、国の総力を挙げて対米戦争に挑み、惨敗を喫するに至った。近代における日本のこの急変の歴史はもちろん内発的な要因だけでは説明がつかず、欧米諸国との関係をぬきにしては語れない。日本はどのような脅威に直面したのであろうか。

近代ヨーロッパ人は、唯一絶対の正しい最高の宗教であるキリスト教と人類最高の優れた文明を邪教に囚われている不幸な「未開野蛮人」に伝え、彼らを救済し開明へと導くことが神から託されたわれわれの崇高な使命であり、われわれはその重責を背負わねばならないと信じて、「大航海」と称してアフリカ・アメリカ・アジアの広大な世界へとあらゆる困難を乗り越えて勇猛果敢にも遠征したことになっている。

これは、被害者としての日本人・アジア人であるわたしに言わせれば、恥知らずにもよくも

言えたものだと驚くほかはないあきれ果てた卑劣な自己正当化、とんでもない誇大妄想的己惚《うぬぼ》れである。そのような誇大妄想的己惚れに陥った原因は彼らの歴史にある。彼らは、かつてはローマ帝国に野蛮人と蔑《さげす》まれ、征服され植民地化されて伝統的文化を弾圧され、固有の宗教を奪われキリスト教を押しつけられて、支配され搾取され、さらにアジア人・アラブ人に侵略され支配された恨みを抱き続けている。

近代に至って、彼らはヨーロッパの痩《や》せた寒冷地での貧窮生活に追い詰められ、お互いに殺しあい、迫害しあってヨーロッパに住みづらくなって逃げ出し、膨大な難民となって、アラブ・アフリカ・アメリカ・アジアに押し寄せ、侵略し支配し植民地化して搾取した（因果はめぐるというか、最近は逆にアラブ人やアフリカ人が難民となってヨーロッパに押し寄せているが）。アフリカ・アジアを侵略しなかったら、アメリカ大陸を発見しなかったら、ヨーロッパ人の貧窮生活と飢餓《きが》はずっと続いていたであろう。近代においてヨーロッパとヨーロッパ以外との貧富は逆転した。

彼らが残酷で攻撃的だったのは、我が身の惨めさと比べて、肥沃《ひよく》な地で豊かな自然に恵まれてのんびりと暮らしている幸せそうなアフリカ・アメリカ・アジアの人たちを羨《うらや》ましがって嫉妬し、自分たち以下のレベルへ引きずり下ろそうとしたからとしか考えられないが、苛《いじ》めっ子に苛められた苛められっ子が自分よりさらに弱い子を見つけて苛めるように、基本的にはかつてローマ帝国に強いられた屈辱と同じ屈辱をアフリカ・アメリカ・アジアの人たちに強いることによって鬱憤《うっぷん》晴らしをしようとする企てだったのではないかと思われる。

その心底にとてつもなく深い羨望・嫉妬・怨恨などの動機が渦巻いていたのでなければ、なぜ近代ヨーロッパ人が、少なくとも初めは何ら敵対的ではなく、好意的に迎え入れてくれ、いろいろ生活上の便宜を提供してくれ、助けてくれた現地の人たちと平和に仲良く共存する気は微塵《みじん》もなく、彼らに対して初めからあれほど侮辱的であったのか、彼らをなぜあれほどがめつく搾取したのか、なぜあれほど残忍に扱ったのか、なぜスペイン人が新大陸の現地の人たちが幸せに暮らしていた安定していたあれこれの文明を、その優れた文化遺産をなぜ何のためらいもなく無意味に徹底的に破壊し尽くしたのかの説明がつかない。ヨーロッパ人だって、人類の一員としてとくに残忍な遺伝子を生物学的に先祖代々受け継いでいるわけではないであろう。そもそも人類は他の動物と比べると残忍さが目立つと言われているが、ヨーロッパ人は桁外《けたはず》れに残忍なのである。

ごく簡単にかいつまんで言うと、サハラ砂漠以南のアフリカにもガーナ王国やマリ王国などいくつかの国があったし、それぞれの地域に多くの部族が棲《す》み分けてわりと平和に暮らしていたが、最初のポルトガル・スペインに続いてイギリス・フランス、さらにイタリア・オランダ・ドイツ・ベルギーが進出し、それらの西欧諸国はアフリカの王国などの体制を壊滅させ、勝手に分割し、それぞれの勢力の及ぶ範囲を支配し植民地化し搾取して、その住民を奴隷として使役したり売り払ったりし、従わない人たちを虐殺した。

第二次大戦後、一九六〇年代からアフリカに独立運動が起こり、多くの国が一応は独立したが（もちろん、旧宗主国が貿易と称して暗々裡に多かれ少なかれ支配し続けたが）、それらの新国家は、西欧の旧植民地勢力が線引きした区分けをそのまま残し、旧来の民族・部族の境目を無視したものだったので、昔の秩序は回復せず、それぞれの国家内に伝統や慣習の異なる雑多な民族・部族が混在することになり、いまだに紛争・殺し合いが絶えない。これは独立したアラブ諸国においても同じである。

アメリカ新大陸の南側においては、スペインが、歓待してくれたアステカ帝国、ついでインカ帝国を滅ぼしてその文化を徹底的に破壊し、その資産を奪い（精巧な金細工を溶かして金の延《の》べ棒にして持ち去った）、住民を酷使し虐殺した。現在の南米諸国では、主としてスペイン系・ポルトガル系が支配層を占め、先住民は山地に追いやられている。北側においては、主としてイギリスが、諸部族を各個撃滅して先住民を大量虐殺し、アメリカ合衆国を建国した。

ヨーロッパ民族が他の多くの民族を簡単に征服できたのは、他の民族はヨーロッパ人ほど攻撃的で策略に長けた人間を見たことがなかったから無警戒・無用心であったこと、ヨーロッパ民族の武器や戦術が格段に優れていたことによる。ヨーロッパ民族は貧しくて、乏しい資源を奪い合い、お互いに争い殺し合ってきたため、必要は発明の母という諺《ことわざ》の通り、武器や戦術は他の民族の想像を絶するほど発達していた。たとえば、鉄砲や大砲を装備したスペイン人に侵略されたインカ帝国の兵士の武器は棍棒《こんぼう》と石であった。インカ帝国では脳の外科手術が行われており、精巧な金細工、石造りの堅牢な建築物はあったのだが、社会秩序を保つための武器としては棍棒と石で間に合っていたのであった。この違いをヨーロッパ人は自分たちの文明がはるかに進んでいるからだと考えた。

ペリーのやり口を朝鮮に強いた日本

ヨーロッパ諸国はこのように世界の各地で残虐の限りを尽くしたが、屈辱を逆転させようとして被害者が加害者へと変身するこの種の例は個々の人間関係においても、また人類の歴史においてもそれほど珍しいことではない。たとえば、身近なところで言えば、規模ははるかに小さいが、日本は早くもペリー来航から二十二年後、明治維新から七年後の一八七五年、軍艦を派遣して鎖国していた朝鮮を威嚇《いかく》し、半島近海の航路測定を敢行し、江華島《こうかとう》近くで朝鮮軍に砲撃されてこれ幸いと反撃し、砲台を占領し、家々を焼き払い、翌年には朝鮮に日朝修好条規を押しつけて開国を強いたが、これは、一八五三年、ペリー率いる東インド艦隊が浦賀に来航し、江戸を砲撃すると恫喝《どうかつ》して江戸湾深く侵入して勝手に水深を測量し、翌年、幕府に日米和親条約を押しつけて開国を強いたのとそっくり同じようなやり口であった。

近代ヨーロッパ人がアフリカ・アメリカ・アジアを侵略し植民地化したことを、優れた普遍的文明の恩恵を「未開野蛮人」に浴させる崇高な正義の行動であると正当化していたのと同じように、ペリーも日本を恫喝して開国を強要したことを、世界の普遍的道義に反する鎖国に固執している愚かな日本を正しい開国と国際関係へと導く善意の行動だと思っていたらしいし、また、日本も愚かにも時代遅れの鎖国を墨守《ぼくしゅ》している朝鮮を開国させ、我が国と同じように近代文明の道へ進ませることが朝鮮のためであると友好的な働きかけをしているつもりであった。

近代ヨーロッパ人も、アメリカ海軍提督のペリーも、近代日本人も、それぞれの被害者に対する犯罪的加害行為を相手のための善意の振る舞いだと正当化している（いた）が、それが犯罪的加害行為であるか、それとも善意の振る舞いであるかは、彼らの主観的思い込みによってではなく、あらゆる正当化の言い訳を剝ぎ取って、彼らが現実に客観的に被害者に何をしたかに基づいて判断すべきであろう。

この基準から判断すれば、近代ヨーロッパ人の対外行動、そして、のちにアメリカ人や南米諸国の支配者となるヨーロッパ人の先住民に対する行動についてのわたしの説は決して意地悪な説ではなく、正鵠《せいこく》を射た見方であることがわかるのではないかと、わたしは思っている。

なぜ近代ヨーロッパ人は、江戸時代の日本人のように、他国・他民族を侵略することなく、ヨーロッパに留まって豊かで平和な生活を送ることができなかったのであろうか。

もちろん、近代ヨーロッパ人、ひいてはアメリカ人も悪いことばかりしたわけではない。白然科学を進歩させ、人類に多大の恩恵をもたらした（そのようなものは恩恵ではないとの説もあるが）。新しい医学・医術によって、それまで不治だった多くの疾患の原因を究明し、治療法を発見した。近代科学技術によって人類の生活を快適にし便利にした。文学・絵画・音楽・彫刻など芸術分野においても美しい作品を創作し、哲学や思想においても優れた独自の業績をあげて、人類の生活を豊かにした。現代の人類文明の多くの部分は近代欧米人の貢献に基づいている。その証拠に、多くの文明化した民族・国民は、伝統を残しながらも、主として欧米式の服装・建築・交通手段を採用している。

人類に対する近代欧米人のこれらの偉大な貢献と、他国・他民族に対する彼らの残虐な犯罪とはどちらが大きいであろうか。前者のプラスは後者のマイナスを埋め合わせ、償うことができるであろうか。前者は後者を正当化できるであろうか。彼らは近代技術を発明したが、鉄砲を初めとして、数々の能率的な武器、ついには核兵器も彼らの発明である。そのためにどれほど大勢の人間が殺されたか。近代欧米人のもたらしたプラスとマイナスのいずれが大きいかは測定できるであろうか。欧米人はプラスのほうが大きいと思いたいであろうし、彼らから被害を受けた諸民族・諸国家はマイナスのほうが大きいと思っているであろう。測定の客観的基準はあるであろうか。たとえば、漢方とか従来の医術だけだったとすれば死亡していたが、近代欧米医術が創始されたおかげで死なずにすんで助かった人数と、弓・槍・剣などの従来の武器だけだったとすれば殺されずにすんだであろうが、近代欧米人が発明した鉄砲から核兵器に至る近代兵器で殺された人数とのどちらが多いかというのは基準にならないであろうか。もちろん、このいずれの人数も正確には計量できないであろうが、おおまかなところは推測できるのではないか。とくに、核兵器を発明し使用したアメリカの大罪は、核兵器が人類を滅亡させる危険が切迫した現実である現在、アメリカが人類にどれほど大きな貢献をしたとしても（アメリカは先住民を虐殺しただけで、大した貢献はしていないとの説もあるが）、帳消しにして余りあるのではないか。アメリカが世界の警察官と称し、あまりにも正義の国であることを強調するのは、人類に対する大罪を償っていると信じたいからではないかと思われる。

「アジアを解放するため」という大日本帝国のタテマエ

近代日本・大日本帝国の対外戦争、アジア侵略は確かに犯罪的加害行為である面も大いにあるが、日露戦争、第二次大戦における対米英蘭戦争は、犯罪的加害行為ではなく、欧米の日本への脅威・アジア侵略に対する必死の反撃である面もあったと言うことができよう。日露戦争はロシアのアジア侵略を部分的・一時的にではあるが、阻止した。ウラジオストクがある沿海州はロシアが清国から奪った領土であるが、もし日本が日露戦争に敗れていたら、旧満州はシベリアと同じくロシア領になっていたかもしれない。

対米英蘭戦争の第一目的は自衛であったが、事実上、欧米が植民地化していたアジアを解放するのに貢献したという一面があることは間違いない（この戦争がアジアを解放するのに貢献したという説は東京裁判で否定され、敗戦後の日本の政治体制は東京裁判史観を前提としているので、戦後日本においてはこの説はタブーになっているが）。もちろん、それぞれの国の国民の独立戦争が独立の主要な要因であるが、日本の進攻が重要なきっかけになったことは確かであろう。日本の敗北後、現地に残留した旧日本兵はインドネシアやベトナムの独立戦争に参加したのである。

他方、日本は朝鮮を侵略し植民地にし、中国を侵略し、さらにその他のアジアを占領し支配し搾取した。アジアに対する日本の加害と貢献とはどちらが大きいであろうか。日本による朝鮮の植民地化についても、日本は教育制度の確立、鉄道・郵便・医療の整備、インフラの設備など朝鮮の近代化に大いに貢献したが（そのようなことは貢献ではないという説もあり、また、日本人は驚くが、一部の朝鮮（韓国）人のあいだには、日本に植民地化されていなかったら、朝鮮は朝鮮人自身によってもっと近代化が進んでいたはずだという説もある）、朝鮮の主権を奪ってプライドを傷つけ、産業や戦争のための要員として朝鮮人を酷使したという負の面も大きい。それは、近代日本が欧米の侵略からアジアを解放するという大事業のために必要だった、止むを得ない準備段階であったという正当化は通用するであろうか。当時の朝鮮人はだらしなくて、もし日本が支配していなければ、朝鮮はロシアの植民地になっていたという正当化は通用するであろうか。日本人はもっぱら日本の貢献を強調し、朝鮮（韓国）人はもっぱらと日本から受けた被害を覚えていて恨んでいるが、このプラスとマイナスのいずれが大きいであろうか。それを判定する客観的基準はあるであろうか。日朝（日韓）関係にかかわりのない、日本人でも朝鮮（韓国）人でもない公平な第三者に判定してもらうしかないのであろうか。しかし、そのような公平な第三者はどこにいるであろうか。

近代日本・大日本帝国の対外戦争はタテマエとしては欧米の侵略から日本を守り、アジアを解放するためであったが、ホンネは、欧米諸国のように、アジアを侵略し搾取することにあったとの見方もある。日本は、事実上、侵略してきた欧米人よりも守るべきアジア人のほうをはるかに大量に殺害している。このことはこのタテマエを大いに疑わせる。

幕末の屈辱を晴らすために軍事力一辺倒に

さらに、近代日本・大日本帝国の日本国民自身に対する功罪も検討しなければならないであろう。確かに、大日本帝国は、ペリー以来のアメリカの恫喝と侮辱に傷つけられた日本国民の自尊心の回復に大いに貢献したが、日本国民に強いた犠牲も大きい。開国を強いられた近代日本人は、江戸時代の日本人より幸福であったか。

日米戦争は、同じように日本国民の自尊心の回復のためには止むを得なかった面もあるが、日本人の死者の大半は戦争末期においてであったことを考えれば、この戦争の遂行の過程で日本国民に強いた犠牲が果たして必要不可欠だったたか、払っただけの価値がある犠牲であったか、少なくとも止むを得ない犠牲であったかどうかについては大いに疑問がある。

日本は幕末に軍事力に劣っていたために欧米に舐《な》められて屈しざるを得なかった耐えがたい屈辱を雪《そそ》ごうと焦るあまり、軍事力を増強することが日本が救われる唯一の道であると信じてしまい、一種の視野狭窄《きょうさく》に陥り、それ以外のことはほとんど眼に入らなくなった。

大日本帝国は軍事力において欧米と対抗するために払わねばならないコストや国民の犠牲と、それで得られる国益とを比較検討してその利害得失を冷静に判断することなく、そうするしかないとばかりに闇雲に少しでも多く部隊を、大砲を、軍艦を造り、少しでも多く領土（植民地）を獲得しようと狂奔していたのではないか。

近代日本は軍事大国になる以外に、国の安寧と国民の幸福を獲得し維持する道があったであろうか。軍事大国にならなければ、他のアジア諸国のように欧米の植民地にされてしまったに違いないという判断は正しかったであろうか。確かに、近代の欧米諸国は無警戒な弱い民族や国を見つければ必ず侵略し征服して植民地にして搾取したから、明治政府が富国強兵政策を採っていなかったら、他のアジア諸国と同じような目に遭った可能性は高いが、第一次大戦後も同じ政策に固執し続ける必要はあったであろうか。当時もまだ、世界は植民地を持つ国と植民地にされる国（民族）のどちらかに二分されるしかなかった情勢だったのであろうか。当時の世界不況を日本は平和裡に乗り越えることができたであろうか。アメリカは、白人国でもないくせに世界の強国にのしあがった生意気な日本を本気で叩き潰そうと企んでいた、という当時の日本の判断は間違っていたであろうか。

もしハル・ノートを容認しアメリカと戦わなかったら、日本はどうなったであろうか。アメリカは図に乗ってますます日本を追い詰め続けたであろうか、日本は諸外国に侮られる弱小国に転落したであろうか。それは、日米戦争に敗北した敗戦後よりも惨めな状態だったであろうか。

しかし、いずれにせよ、大日本帝国の欠陥が最も露骨に表れたのが大東亜戦争においてであって、兵士に捕虜になってはいけないとか、死ぬまで戦えとか強要したのは愚策の最たるものであった。この戦争において日本は陸海軍併せて二百三十数万人の死者を出しているが、その半分以上が餓死・病死であり、それ以外にも、もうこれ以上戦ってもまったく無駄なときも、玉砕とかの美名のもとに、多くの兵士が弾に当たって死ぬだけの突撃をして戦死したのであった。そのなかには、国のためと信じて勇ましく突撃した者もいたであろうが、心ならずも強いられた者もいたであろう。日本軍が大量の無駄死にを出したのは、軍部の指導層が兵士を消耗品扱いしてその生命を軽んじ、助けようとすれば助けることができるときでも助ける策を講じなかったからではなかったか。

「死ぬために戦争を始めた」かのように見える日本人

日本兵自身、そして国民の多くも、死を恐れない勇敢な日本兵は、それゆえに、死ぬのが怖い臆病なアメリカ兵なんかに負けるはずがないと本気で信じていたようである。あまりにも馬鹿げているので信じがたいが、あたかも日本軍は日本兵がたくさん死ねば死ぬほど戦果があがるとでも思っていたかのようである。まさかとは思うが、日本兵が死を恐れないことを示せば、アメリカ兵がひるむとでも思っていたのであろうか。神社の祭壇に供えるお供物が多ければ多いほどご利益が多いと信じている神頼みの信者のように、あたかも戦場で日本兵の生け贄《いにえ》を多く捧げれば多く捧げるほど、神々が照覧してくれ、大いなる犠牲に感銘し、その思《おぼ》し召しで勝利を恵んでくれると信じていたかのようである。

実際のところ、二百三十数万人の死んだ兵士のうち、戦果をあげるために効果があった戦い方をして戦死した兵士はどれぐらいいたであろうか。兵士だけでなく、日本政府がいたずらに降伏をためらってズルズルと先に延ばしていたあいだに、死ななくていい一般民も大勢が死んだ。陸士海兵をはじめ、軍の指導層を教育する学校では、敵兵の死のみならず、味方の兵の死にも無感覚になるよう教えていたのであろうか。味方の兵がどれほど死のうが、気にしていたら戦さに勝てないと教えていたのであろうか。いや、軍部だけでなく、近代日本の政府がそもそも一貫して国民全員に生命を軽んじるような教育をしてきたのではないか。

出征する息子に「死んでこい」と励ますのが父親の正しい姿であった。けなげな軍国の母は息子が死んでも毅然としていなければならなかった。夫の戦死の公報に妻は泣いてはならなかった。日本の軍歌を見ると、日露戦争のときの「ここはお国を何百里、離れて遠き満州の……」で始まる『戦友』がもう戦友の死を歌っているし、『露営の歌』には「勝ってくるぞと勇ましく誓って国を出たからにゃ、手柄立てずに死なりょうか」という歌詞、『日本陸軍・出征』には「歓呼の声に送られて今ぞ出立《いでた》つ父母の国、勝たずば生きて還《かえ》らじと誓ふ心の勇ましさ」という歌詞があるが、手柄を立てたらもう用はないから死んでくれ、勝てなかったら死んでしまえと言っているかのようである。戦場に出れば死ぬのを当然の前提にしているような軍歌であるが、このような歌を聞かされて、国民は誰も変に思わなかったのであろうか。「武士道とは死ぬことと見つけたり」と昔の武士は本当に言っていたのであろうか。日本人は死ぬために戦争を始めたかのようである。

明治維新は徳川幕府の否定の上に成り立ったので、幕府の政策をすべて間違っていたとして嘲笑したが、明治政府が創立した日本軍が兵士の生命をあまりにも軽んじたのは、世界に先駆けて生命尊重を謳《うた》った徳川綱吉の生類憐《しょうるいあわ》れみの令に対する反動が逆の極端に走り過ぎた結果であろうか。

そもそも戦争を始めたことが間違いであったかどうかの問題はさておいて、かりに戦争を始めざるを得なかったとして、戦果は同じで、いたずらに死者を出さない、別なもっと賢明な戦い方はなかったのであろうか。

日本軍では、巧みに戦って敵に多大の損害を与えたあと捕虜になった兵士より、何も戦果をあげないが無鉄砲に敵陣に突撃して勇ましく戦死した兵士のほうが称賛されるとか、また、部隊に多数の戦死者を出すと、日本軍では死力を尽くして戦ったと褒《ほ》められるが、アメリカ軍では部隊長は戦い方がまずかったのではないかと問われるとか、そういう違いがあったのではなかろうか。そのように、犠牲を少なくして勝つために客観的に最大限効果的に戦おうとするアメリカ軍と、主観的に天皇への忠誠心と戦意と勇気に燃えていることに価値をおく日本軍とでは、戦いの成否に差が出てきて当然ではなかろうか。

しかし、おかしさの種類は異なるが、おかしいのは日本だけではない。別の意味でアメリカもソ連もおかしい。戦争それ自体の当否はさておくとして、戦争とは、要するに、敵に勝つためであるというのが原則であるはずだが、アメリカはこの原則に反し、すでに勝利が決まっていて勝つために必要がないにもかかわらず、原爆を二発も落とし、すでに日本が降伏したことがわかっていた八月十五日の朝になっても本土空襲を続けたが（富山市）、ソ連もこの原則に反し、日本が降伏したあとも攻撃を続け、戦後何年も日本兵捕虜を酷使し続けて、死ななくてもよかった多くの日本人を死に追い込んだ。

日本政府・軍部が愚かだったために死ななくてもよかったのに死んだ日本兵・一般民の人数と、アメリカとソ連が卑劣だったために死ななくてもよかったのに死んだ日本兵・一般民の人数とでは、どちらが多いであろうか。憶測に過ぎないけれども、後者も甚大であろうが、前者のほうがはるかに多いのではなかろうか。大東亜戦争において、あたかも日本軍とアメリカ軍・ソ連軍はお互いになるべく多く日本兵・一般民を殺すために協力し合っていたかのようである。

第八章

消えた我が家

母はわたしを家業の後継者に育てあげ、一家一族の存続と繁栄をめざそうとしたようであるが、わたしに反逆されたためにまるっきり裏目に出て、今、ふるさとの町には、ここに父や母、祖父母、そして、わたしがかつて生活したことがあったこと、我が家・屋敷があったこと、我が劇場があったことを偲《しの》ばせる痕跡はまるっきり何もない。

幸か不幸か、結局、わたしは劇場を継がず、父母の死後、何でもかんでも投げ捨てたかったのか、わたしには子がないので、そのうち無縁墓になるほかはないと、墓場では見渡したところいちばん立派で目立っていた先祖累代の墓は潰《つぶ》して遺骨は真言宗総本山善通寺に預けて永代供養としていただいた。劇場は更地にして同じく総本山善通寺に売り払った（劇場は参拝客を当て込んだのであろう、善通寺の赤門前にあった。わたしにはよくわからないが、建築家の多田善昭氏が、建築時の設計図を見つけ、歴史的価値がある古い様式の芝居小屋だとのことで、保存運動を起こし、市役所に掛けあったりしていたが、時代の必要に合わせていろいろ改築してあり、最初の形に戻すには何千万円か掛かるとのことで予算がないと断られた）。

思い出してみると、劇場は、回り舞台があり（電動式ではなく、舞台の真ん中の下の垂直の柱に十字の形に四本の太い横棒がついていて、人力で動かすようになっていた）、花道や、幕間に飾る緞帳《どんちょう》が三、四枚あり、客席は升席《ますせき》であった（敗戦後、椅子席に変えたが）。歌舞伎・

芝居・文楽《ぶんらく》・浪曲・水芸《みずげい》・奇術・歌謡曲などいろいろなものをやっていた。子供のときのことを話すと、二階席の欄干《らんかん》から舞台まで綱渡りをした化け猫女優の鈴木澄子《すみこ》、浪曲師の広沢虎造、直立不動の歌手・東海林《しょうじ》太郎、そのほか霧島昇、高田浩吉などを舞台で見た覚えがある。今でも不思議であるが、舞台で「鯨男」がこの煎餅《せんべい》はうまいと言いながら板ガラスをバリバリ食べてから口をあけて中には何も残っていないことを確認させ、そのあとガラスの破片を吐き出したり、鉢《はち》から水と一緒に何匹かの金魚を飲み込んで同じようにして鉢に戻したりする演《だ》し物があった。胃の中に入ったはずの金魚が生きていてまた鉢の中で泳ぐのである。芸人の頭や扇子からや舞台のあちこちからや客席からも水を吹き出させる水芸も不思議であった。文楽（人形芝居）の上演も写真に残っている。

　善通寺町は帝国陸軍第十一師団の司令部・騎兵隊・砲兵隊などの兵舎があったところで、敗戦の日まで軍人は劇場の入場料が半額であった。街には入隊兵士との面会にきた家族や、四国八十八か所巡りのお遍路さん用の旅館がたくさんあった。近所に先祖はここに住みついたお遍路さんであったと言われている家族がいた。戦争中は小学校（国民学校）の近くに連合軍兵士の捕虜の収容所もあった。捕虜は日本兵の指揮のもとに歩かされたり働かされたりしていた。戦争中、小学校の生徒として兵舎から鉄道駅まで進む出征兵士たちを道端に並び、日の丸の旗を振って見送ったことが何回かある。見送った兵士のどれほどが生きて故国へ帰ったきたであろうか。小学校に隣接して護国神社があり、現在は、境内に戦死した兵士の名前と出身地（香川県内の）が掲げられている。護国神社と並んで第十一師団長だった乃木希典《まれすけ》将軍を祭ってある乃木神社がある。

敗戦後、師団司令部は新しい市役所となり、騎兵隊・砲兵隊の跡地にはキリスト教系の四国学院大学が建てられた。敗戦直後には、アメリカ軍の輸送機がやってきて捕虜用に旧練兵場にたくさんの物資を投下した。なかには落下傘《らっかさん》が開かないのや、落下傘から外れるものがあり、大きな木箱が地面に激突して砕け散った。待ち構えていた子供たちが駆け寄ってチョコレート・チューインガム・煙草などを奪い取った。捕虜でなくなった連合軍兵士は止めようとしたかったかもしれないが、降伏したとはいえ、銃を持った日本兵が監視していた。それまではまずい紙巻きタバコを確か一日に五本配給されていて、それも欠配続きだったので（とあとから知った）、わたしが取ってきたアメリカの煙草を父は大いに喜んだ。チョコレートを食べてこんなおいしいものが世の中にあるのかと驚いた記憶がある。子供と違っておとなは真面目であった。風に流されて町民の自宅の庭に着地した木箱がいくつかあったが、私物化した者はいなかったそうである。

ところで、その頃、わたしはどうしていたかと言うと、学校がないときには、小学生の頃からテケツ（チケット売り場）やモギリを手伝っていた。敗戦前から敗戦後十年ぐらいは、映画ぐらいしか娯楽がなかったので、映画上映前の朝からテケツの前には大勢の客が列をつくって並んでいて、劇場はいつもギュウギュウ詰めの満員であった。敗戦から数年経った頃は映画は三本立のときが多かった。今から思うと、客は三本もの映画を、しかも多くは立ち見で、くたびれもせずよくぞ見たものである。我が劇場のチケットは、驚くなかれ、ちょっと通貨のような価値があって、母は、仕事をしてもらったお礼に人に渡していた。

その頃、入場税は国税であって、税率は一〇〇％であった。つまり、劇場主の取り分が三十円だとすると、税金は同額の三十円で、客が払う入場料は六十円というわけであった。劇場の前には、よく税務署員が立っていて脱税を監視していた。客がモギリで渡したチケットを切らずにテケツに戻せば、劇場主は税金分が助かるのである。当時は日本国政府も貧しく、大企業はまだ復活しておらず、ひとり繁盛していた興行界からの税収を当てにせざるを得なかったのである。

中学生になると映写技師もやっていた。その頃は不燃性フィルムはまだなくて、それをアーク灯で照らしていたわけだから、油断するとすぐ火がついて燃えてしまうため、上映中、映写技師は緊張して映写機につきっきりであった。映写は特殊技術であって、国の免許証が必要だった。免許証には一級と二級があった。わたしは免許証取得には年齢が足りず、無免許でやっていた。高校生になると、オートバイに乗って四キロばかり離れた琴平町や多度津町の映画館との掛け持ち映画フィルムの運搬をやっていた。掛け持ちとは、たとえば、映画制作会社の東宝や松竹や東映や日活は善通寺市の世界館と琴平町の金丸座（江戸時代は歌舞伎座だったが、その頃は、映画館になっていて、その後、また歌舞伎座に戻った。現存している日本一古い歌舞伎座として有名で、現在、年に一回か二回、東京から松竹歌舞伎がやってくる）に一本しか映画フィルムを貸与せず、映画フィルムが十巻あるとすると、一回の上映で十回、オートバイで世界館と金丸座のあいだを往復するのである。上映時間を調整して、一回に二巻ずつ運ぶこともあり、その場合は五回往復すればよかった。これらの劇場の仕事は、家のために働いているということで、結構楽しかった記憶がある。

面白いことに、田舎の映画館だからであろうか、客は一度入場料を払うと、同じ映画が上映されているあいだ（三日間とか一週間とか）は、何度でも見にきていいのであった。わたしが子供の頃は町に芸者の置家があって、芸者さんも暇なときにはよく映画を見にきていたが、お座敷がかかると、置家から呼び出された。そのとき、扉を開けて観客席のほうに向かって芸者さんの名前を叫ぶのがわたしの役目であった。これが癖になっていて、ずっとのち、大学生になって友達と新宿で映画を見に行ったとき、映画館の中で彼を見失い、どこにいるかわからなくなって、観客席で思わず彼の名前を大声で叫んで彼を恥ずかしがらせたことがある。

映画制作会社の映画館への映画フィルムの賃貸料はどうやって決めるかというと、毎月、映画制作会社のセールスマンが大阪支社からやってきて映画館主と交渉するのである。東宝のセールスマンは紳士的であったが、松竹のセールスマンは高値を吹っ掛けたり、値切ると他の映画館に持ってゆくぞと脅かしたりしていちばん交渉のかけひきのやり方がえげつなかったので、映画館主たちが寄り集まると、「松竹は松竹（しょうちく）ではなく、竹松（ちくしょう）＝

畜生」だと悪口を言っていたのを覚えている。

さらに時を溯《さかのぼ》らせてもっと昔のことを言えば、我が家は無声映画の時代から映画（活動写真）もやっていたそうで（無声映画の弁士の奪い合いで他の興行師と出入りがあったと聞いている）、物置にはもう使わなくなった楽団用のピアノ・クラリオネット・バイオリン・木琴・三味線などがあった。父は昔、楽士もしていたらしく、バイオリンを弾いている写真が残っている。父は暇なときよく『天然の美』のメロディを口ずさんでいたが、若い頃、舞台の横で演奏していたのであろうか。

興行師は、やくざみたいなものだったようで、劇場名を記した何十もの提灯《ちょうちん》や法被《はっぴ》もあったし、押し入れには杖《つえ》に見える何本もの仕込み刀や仕込み銃、日本刀があった。天井裏にピストルを見つけて、銃刀法違反になるとかで、父と一緒に郊外の池に捨てに行ったことがある。家の中には、一宿一飯あるいは二宿二飯のお礼か、遊び人が書いたと思われる書や絵が掲げてあった。わたしは東京に出ていて、これらのものや、そのほか父が集めていた骨董《こっとう》品などは放ったらかしておいたため、今ではどこでどうなったのかすべてなくなってしまっている。そうなったのは、意識はしていなかったが、それらのものにいっさい執着がなく、逆に、劇場に関して深い恨みがあったからではないかと思われる。

どういうことで取っておいたのか覚えていないのであるが、どこへ提出したのか、半紙に筆で書いた父の古びた履歴書（残念ながら、後半が失われている）があって、それによると、父は明治二十六年七月二十日生まれ、同三十三年尋常小学校入学、同四十年同校高等科卒業となっている。

その頃、祖父の岸田勇三郎は東京の浅草で電気館を経営していて、父は卒業すると東京に出て電気館で映写技師。大正二年から四年まで兵役。その後、祖父の興行団の一員として満州・台湾・朝鮮および内地を巡る地方巡業。

以上のことしか父の断片的履歴書からはわからないが、子供のときに父から聞いた話によると、尋常小学校高等科を卒業した父は一人で讃岐《さぬき》の田舎から汽車に乗って三日間かけて新橋まで行ったそうである。新橋から浅草の電気館までは人力車を使ったが、浅草に着いたとき、人力車代がなかったので踏み倒して逃げようとしたが、車夫に追っかけられて捕まったそうである。

本当かどうか知らないが（父はほろ酔いかげんになって機嫌がいいとき、おおげさな話をする癖があったと思われるので）、子供のときに聞いた父の話によると、我が家は江戸時代（末期？）から興行師だったとのことである。電気館は今はなくなっているが、日本で最初に建てられたいちばん古い映画館だったそうで、祖父がいつ頃から電気館を経営していたかは知らないが、館主ではなく、雇われ支配人だったらしい。彼は電気館を経営すると同時に、または、そのしばらく後からだったかもしれないが、興行師として地方巡業もしていたらしい（父は巡業にもついていっていて映写技師を続けていたらしい）。地方巡業では映画（活動写真）だけでなく、芝居などもやっていたようである。

日本がいつ頃から映画の製作を始めたかは知らないが、昔、横浜港の埠頭《ふとう》で輸入された外国映画フィルムのセリ市が行われていて、セリ落とした興行師はそれをもって広く各地を巡業したそうである。外国映画にはいろいろな国のものがあって英語ぐらいはわかる者がいたが、その他の国の映画は何を言っているかわからないので、みんなで映画を写してみて、勝手に筋と台詞を創作したというか、デッチあげたこともあったそうである。家の押し入れに馬が走っているだけの映画フィルムがしまってあったが、初めの頃は、それだけで客がきたそうで、記念のために取ってあるとのことであった。

関東大震災（大正十二年・一九二三年）の前だったか後だったか、その頃、浅草は海に近かったのであろうか、本当かどうか知らないが、浅草が水浸しになるという噂があって（実際には水浸しにはならなかったそうである）、そのためか、祖父は電気館の経営を切り上げ、巡業もやめて、ふるさとの香川県に引きあげたとのことである。

そして、巡業で稼いだお金があったのか、観音寺町と善通寺町と金蔵寺町に劇場を建てたそうである。祖父の代に「お茶子《ちゃこ》」（客を升席に案内し、座布団や弁当やお茶、冬には火鉢を運んだりする女子従業員）として勤めていた老婆（わたしが大学を卒業する頃まで生存していた）から聞いた昔の話によると、祖父は度胸の据《す》わった親分肌のいい男だったそうで、観音寺町の劇場の横では遊園地も経営していて、その遊園地でいつも流していた音楽がドヴォルザークの

『新世界より』という曲であった。善通寺町の我が劇場の「世界館」という名称はそこから取ったそうである。祖父は新しがり屋で、野球のチームをつくっていて、胸に「世界館」のロゴマークがついたユニホームを着た十何人かの野球選手の集団写真が残っている。

観音寺町の劇場も遊園地も今は跡形もなく、どこにあったかもわからない。何のためかは知らないが、父が子供のわたしを誰もいない寂しい金蔵寺町の劇場に連れて行ったことがあった。長年、使われていなかったようで、廃屋になっていた。どういうわけか知らないが、この廃屋は所有権があいまいになっていたらしく、父が死んで数十年後、金蔵寺町の草薙《くさなぎ》という名の見知らぬ人から東京のわたしに何やらわからぬ書類が送られてきて、ハンコをついて送り返したら、感謝の手紙と菓子折りが送られてきた。

「世界館」のロゴマークがついたユニホームを着た野球選手たち

祖父に似合わず小心な父は興行に興味がなかったようで、売り払ったのかどうしたのか知らないが、事業を縮小したらしく、わたしの子供の頃は善通寺町の劇場・世界館だけしかなかった。

子供のとき、我が家に「岸田興行有限会社・常設世界館」と印刷してある封筒の束があって、「常設館」とは何のことかわからなかったが、祖父はドサ回りした先の空き地に臨時の木組みの小屋を建てて映画を上映したり、芝居を上演したりしていたらしい。それで、普通の劇場を建てたとき、誇らしく「常設館」と称したのであろう。それは、昔の酒はにごり酒が普通であったので、近代ににごっていない酒ができたとき、わざわざ「清」酒と称したのと同じようなことであった（今や清酒が普通なので「清酒」という言葉は滅び、清酒でない酒をわざわざ「にごり酒」と称している）。

「岸田興行有限会社」は、この地方の興行界の顔役みたいなものであったらしく、善通寺の秋祭りには、木下（「松下」だったかな？）サーカスや、その他、いろいろな演し物や人形芝居などさまざまな劇団がやってきてお寺の境内に所狭しと小屋を建てて客を呼んでいたが、その団長か座長たちは小屋を建てる前に我が家に挨拶にきた。祖父の代から小屋の場所の割振りを我が家がやっていたらしい。暗黙の了解があったらしく、彼ら団員や座員たちはみんな世界館には入場無料であった。逆に子供のわたしも世界館の従業員たちも顔パスで、それらの小屋のどれにも勝手に無料で入場していた。彼らもわれわれもみんな興行界という世界の仲間内のようなものだったのであろうか。記憶に強く残っているのは、ある小屋で「おんごく」の山奥で発見されたという「蛇娘」が舞台で生きている蛇を齧《かじ》っていたシーンである。

戦時中には我が劇場・世界館では『民族の祭典』（ベルリン・オリンピックの記録映画）『ハワイ・マレー沖海戦』『西住《にしずみ》戦車長伝』『加藤隼《はやぶさ》戦闘隊』『マライの虎（ハリマオ）』（イギリス人に虐待されていたマレー人の少年がやってきた日本軍に協力してイギリス人をやっつける話）などの映画を上映していた。敗戦前になると、映画フィルムがなくなったらしく、映画の配給がなくなり、『一本刀土俵入り』や『瞼《まぶた》の母』など、もっぱらドサ回り劇団の芝居をやっていた。旅の劇団員は舞台の裏のいくつかの並び部屋に泊まっていたが、御飯の量が少ないと母が文句を言われていたのを覚えている。正月元旦だったか、劇場は入場料を払った客で満員なのに、予定していた劇団がこなくて、みんなが大慌てしていたことがあった。

敗戦直後に見た映画としては、『風雪二十年』（昭和元年から二十年まで日本がいかに間違った道を進んだかという話）『最後の攘夷《じょうい》党』（幕末に攘夷を唱えていた勤王の志士がアメリカ人に親切にされて間違っていたことを悟る話）『決闘・鍵屋の辻』（荒木又右衛門が三十六人を斬り倒して仇討《あだう》ちを遂げたというのは嘘であるという話）などを覚えているが、これらはすべてGHQの肝煎《きもい》りの映画である。占領軍が日本国民の洗脳に映画を利用したことがわかる。アメリカ人は日本軍から受けた被害の何十倍もの仕返しをし、さらに報復裁判で千人以上の戦犯を処刑したにもかかわらずというか、あるいは、それがゆえになおさらというか、GHQは日本人の復讐《ふくしゅう》心を刺激するのを恐れてか、『忠臣蔵』をはじめ、仇討ちの映画や芝居はすべて御法度であった。

とにかく、わたしは我が家に余所《よそ》から入り込んだ鬼子というか、獅子身中の虫であって、残った一つの劇場をも捨ててしまった。わたしは親不孝の最たる者で、母が死んだときも、父が死んだときも、東京にいて死に目に会わず、その後、全遺産を相続しながら、我が家を放ったらかしにして滅亡させ、すべての建築物もろとも我が家の存在を歴史から跡形もなく抹消してしまったのであった。

いずれにせよ、母とわたしの関係は不幸な関係であった。一般常識で言えば、母は一人息子のわたしが家業を継ぐことを期待しただけであって、それ以外にはわたしに対してとくに非難されるようなことは何もしていない。わたしを養い、世話をし、わたしが病気になると看護し、わたしを大学まで出した。わたしについて嘆いたことはあるが、叱ったことはない。少なくとも身体的にはいじめや虐待はいっさいなかった。それでも、われわれの関係はうまくゆかず、わたしは母を恨んでいる。そのようなことになったのは、どちらかが悪いからだとすれば、母が悪いのか、わたしが悪いのか。母が悪いとすれば、母がわたしに諮《はか》ることなく、わたしの一生のコースを勝手に決めていたことであろうか。それは、これほどの深い恨みに値するほどのひどい仕打ちなのであろうか。そのようなことは世の親たちがよくやる普通のことではないのか。いいや、そうではない。それは、人間の自由、基本的人権をないがしろにする最大の悪であり、許すべからざる悪質な心理的虐待であり、個人に対する最大の侮辱である。そもそも自分以外の人間を自分の意志に従わせようと思うこと自体がとんでもない傲慢《ごうまん》な人間無視である……ということであろうか。あるいは、母もわたしも何も悪くなくても、気が合わなくて関係がうまくゆかないということが有り得るのであろうか。

我が家が滅びたことに関して言えば、昔と違って現代では家の存続は価値がなくなって、よほどの名家でなければ、滅びてもどうということはないのだから、気にすることはないと言えるであろうか。その上、父母には子ができなかったのだから、そもそも父母が我が家の滅亡は仕方がなかったと諦めるべきだったであろうか。それとも、母が諦めないで貰《もら》いっ子のわたしに家業を継がせようと無理を強いたことが裏目に出て、わたしの反発を買ったことがよくなかったのであろうか。それとも、母のたっての願いを拒否した冷酷無情なわたしのせいであろうか。あるいは、わたしが冷酷無情でなかったら、我が家は存続したであろうか。生活能力のない（と母はわたしのことを見なしていたようである。わたしをそのように育てた疑いがある）わたしが楽な一生を送れるようにと願って、苦労してこの劇場を維持してきたという母の物語を負担に感じたわたしが間違っていたのであろうか。あるいは、恩着せがましい母から与えられたすべてのものから解放されたいというわたしの根深い執拗な恨み、または、人の世話にはなりたくないというケチな根性から発するのであろうか。あるいは、わたしに関して言えば、本能が壊れて自我という厄介なものを背負った人間が、自分の人生は自分が決めたいと思うのは当然のことであろうか、あるいは、間違っているのであろうか。

わたしには紛失癖というか、しょっちゅう物を失くするという変な癖があるということをさきに述べたが、紛失癖と、我が家の存在の痕跡をすべて隅から隅まで抹消してしまったこととは一連のことであろう。要するに、母の視野にはわたしの自我は欠落していたのだから、母が支配していた我が家にはわたしがわたしとして生きる余地はなかった。母との関係は自己消滅の恐怖から逃れようと必死にあがいた関係であった。

あとがき

正直言って自覚してのことではなかったが、親に対して自分を偽らなければならなかった幼少期は不幸であったような気がするが、何とか自殺せずに青年期になって、すでに述べたように、十九歳、大学一年生のときにくも膜下出血に罹《かか》り、いろいろ傍《はた》迷惑な奇怪な振る舞いをしたが、幸運にも死ぬことなく過ぎて、今や末期高齢者の八十代の半ばになってまだ生きているが、そのときから数えると六十数年のあいだ、さまざまなことがあった。

大学生のとき、東京を放浪し、大学を卒業する直前、母が死んだので、一年間は劇場を経営し、赤字を出し、大学院に舞い戻り、結婚し、フランスに遊学し、三十三歳まで学生をやっていて、初めて定収入をやっと得たのは、三十八歳で大学教員になってからのことであった。大学は七十歳が定年だったので、それ以後は毎日が日曜日の暇な生活を送っているが、幸いなことに、妻に先立たれず、二人とも認知症にもならず寝たきりにもならず、わりと退屈しないで何とかやっている。

多くの人と知りあった。そのなかには、その人がいなかったらわたしの人生はどうなったかわからない大きな恩恵を与えてくれた人もいるし、わたしが無神経にひどく傷つけてそのままになった人もいるし、お世話になりっぱなしの人もいるし、わたしを傷つけた人もいるが、その多くはすでにこの世の人でないようで、この世にいるとしても、どこにいるかわからないので、連絡したくても連絡のしようがない。歳を取ると、わたしを傷つけた人のことは腹が立たなくなり、わたしが傷つけた人のことは今さら償いようはなく、えらく気になるようになった。人のことはわからないが、誰でもそうなのであろうか。

この歳になると、中学高校や大学の同級生など連絡のある同年輩の友人たちについては、亡くなったとか、寝たきりになったとか、記憶力が衰えたとか、認知症になったとか、本人は生きていても連れ合いがどうかなったとかの知らせがときどき入ってきて、寂しくて明日は我が身かという思いがする。友人が亡くなると、彼と遊んだり喧嘩したりした昔の時間が何だか空っぽになって自分の一部が失われたような気がする。親しかった友人・知人が死ぬと、自分の一部が死んだような気がする。もし、彼らがみんなあの世へ行ってしまって、この世に友人・知人が一人もいなくなると、わたしは、わざわざあえて自殺しなくても、生きているのがつまらなくなって自ずと生理機能が衰退し、知らぬ間にあの世にいるということになる（そううまくはゆかないであろうが）のではないか。それは、わたしという人間は、一人独自に存在しているのではなく、これまでのわたしの多くの人間関係の偶然か必然の合成だからであろう。

いずれにせよ、わたしは八十有余年、多くのさまざまな人間関係を経験し、そこで発生したいろいろな問題をどう受け止め、それにどう対処しようとしたかということを基本的な参考資料としていろいろ愚考し、いつの間にか、フロイト理論を剽窃《ひょうせつ》した唯幻論という説を唱えるに至り、ごく狭い範囲内においてではあるが、いくらか名を知られるようになった。

この唯幻論の背景にあるのは、人間とは何というおかしな動物であろう、どうしてこのようなおかしな動物が地球上に発生したのであろうという素朴な疑問を出発点として、わたしが育った家庭環境、父母とくに母との関係、その後のさまざまな人間関係、そして、広くは主として近代日本の対米英戦争の敗北などにかかわるさまざまな事実にどうしても納得できない謎が多くて、その謎についてあれこれ考えているうちに思いついた思想、すなわち、人間は本能が壊れた動物であり、現実を見失って幻想の中に迷い込んでいるという思想である。

それから、唯幻論を前提として過去の歴史や現代の社会のいろいろな現象を解こうとしてあちこちに文章を書いてきたが、それに対しては賛同してくれた人もたくさんいたものの、もちろん、反対し批判してきた人もたくさんいた。賛同してくれた人たちに対しては心から喜んで有り難がっていたが、反対や批判も気になるので、なぜ反対されるのか批判されるのかを胸に手を当ててよく考え、あちこちに反批判・反駁《はんばく》の文章を書いた。そうこうしているうちに、いつ死んでもおかしくない歳になったし、記憶力や判断力が衰えてきたようなので、もう次の新しい本を書くことはないであろうという気がするから、ここで、わたしがどういうわけで、どういう道筋を通って唯幻論という説を思いついたかを説明し、唯幻論への批判に対してこれまで書いた反批判・反駁をまた改めてまとめて提示することにした。したがって、繰り返しになるところが多いけれども、これが人生最後の本であろうと思うので、大目に見てほしいと虫のいいことを願っている。では、さようなら。ご機嫌よう。

二〇一八年十二月十日

岸田　秀

岸田 秀●きしだ・しゅう

1933年、香川県生まれ。「人間は本能が壊れた動物である」という前提から、自我や家族、歴史、国家、セックスにいたるまで「幻想」に支えられて成り立っているという「唯幻論」を提唱。著書に『ものぐさ精神分析』(正・続、ともに中公文庫)『史的唯幻論で読む世界史』(講談社学術文庫)『日本史を精神分析する』(亜紀書房)『唯幻論大全』(飛鳥新社)、訳書にフロイトの生い立ちから理論までをわかりやすくマンガにした『高校生からのフロイト漫画講座』(いそっぷ社)などがある。

唯幻論始末記
——わたしはなぜ唯幻論を唱えたのか

二〇一九年一月三十日　第一刷発行

著　者　岸田 秀
装　幀　木幡朋介
発行者　首藤知哉
発行所　株式会社いそっぷ社
〒一四六—〇〇八五
東京都大田区久が原五—五—九
電話　〇三(三七五四)八一一九
組　版　有限会社マーリンクレイン
印刷・製本　シナノ印刷株式会社

落丁・乱丁本はおとりかえいたします。

ISBN978-4-900963-81-8　C0095
定価はカバーに表示してあります。